闇の支配者たちの
情報操作戦略

サイオプス

金融サイバー攻撃
から始まる
「第3次世界大戦」
のカラクリ

ベンジャミン・フルフォード

イースト・プレス

闇の支配者たちの情報操作戦略
サイオプス

金融サイバー攻撃から始まる
「第3次世界大戦」のカラクリ

はじめに　新聞、テレビのニュースから感じる「違和感」の正体

いまの日本は、何かがおかしい――。

テレビや新聞、ネットに流れるニュースを見て、そんな違和感を覚えている人は少なくないだろう。

何かがおかしいのはわかるのだが、何がおかしいのかよくわからない。それでも違和感を覚えているだけ、ずいぶんましであろう。残念ながら「おかしい」ことにすら気づいていない人も少なくないのだ。

この傾向は日本だけではない。世界中で起こっている。

意図的に思考を誘導されているのに、「操作されている」ことに気づかなくなっているのだ。

それを批判するつもりはない。

なぜなら、操作する側の技術が非常に巧みで、操作しようとしていると知っていないか

はじめに

ぎり簡単に操られてしまうからだ。

それが本書のテーマとなる「サイオプス（心理戦）」である。

この用語の説明や解説はあとでくわしくするが、簡単にいえば「人を操るための軍事技術」と思えばいい。

軍事技術といえば戦闘機や軍艦、戦車やミサイルをイメージするだろう。これらの兵器は科学技術の粋を集め、コストや採算を度外視して「敵の殲滅《せんめつ》」だけを考えて製作する。ゆえに優秀な兵器を使えば簡単にたくさんの人を殺傷することができる。

それと同様に「人を操る」技術を軍事レベルにまで高めたものが「サイオプス」なのだ。一般人には想像もできないような資金と優秀な頭脳を集結させて国家レベルの組織で運営されている「詐欺師グループ」と言い換えてもいい。「振り込め詐欺」のグループが普通の乗用車とすれば、「サイオプス」は戦車なのだ。

戦争において兵器は多くの人の命を奪い、あらゆるものを破壊する。「サイオプス」もまた、人々の「正しい情報」を奪い、「正しく認識する能力」を破壊するのだ。

いま考えていることの多くはサイオプスによって歪《ゆが》められている。

こうして多くの人々は間違った情報を信じて間違った認識をしたあげく、間違った結論を導いている。その間違った結論とはサイオプスをしかけた側の利益になるように誘導されているのだ。
まさか……。そう思った人は、ぜひ本書をひもといてほしい。そして読み終わったあと、これまでの認識がガラリと変わり、ひとりでも多くの読者が正しい結論を出すことを願っている。

ベンジャミン・フルフォード

闇の支配者たちの情報操作戦略 サイオプス 目次

第2章 日本人が知らない「サイオプス」の全貌

第3章 戦争の裏側で暗躍するサイオプス

第4章 「情報戦」で読み解く世界史

第5章 プロパガンダとしてのオリンピック

第6章 ギリシャ危機と中国株暴落
――「経済情報戦」のカラクリ

第7章

安倍政権とアメリカの中国包囲網
――「軍事情報戦」のカラクリ

扉写真提供：時事通信社

2001年「9･11」同時多発テロ事件以来「テロとの戦い」に駆り立てられたアメリカ。2011年「3･11」以降の日本は、これからどうなるのか。

第1章 なぜ日本は戦争に駆り立てられるのか

日本人のメディアリテラシーを試す「5つの質問」

「権力は銃口から生まれる」

毛沢東《もうたくとう》の有名な言葉である。

この人民戦争理論を私はこう解釈している。

――権力とは銃を持つ人間の脳内をコントロールすることで生まれる。

つまり、「大衆の操作」という技術を手に入れた者が権力者となり、歴史をつくってきたのである。

いま現在、世界に圧倒的な影響力を持つアメリカ、正確にいうならばそのアメリカを支配している「寡頭資本家」たちは当然、その権力（スーパーパワー）にふさわしい大衆操作のシステムを牛耳っている。彼らの都合のいいように世論は操作されているのだ。

どれほどすさまじいか、例を挙げて紹介しよう。

これらの問題が起こったときの基本的な状況を述べるので、そのあとどのような結論や世論となったのか、まずはその食い違いっぷりを見てほしいのだ。

◎安保法制問題

Q　この法案が成立すれば日本はアメリカの戦争に巻き込まれるのではないか。いままで自衛隊の海外派遣は復興支援が中心だった。それがアメリカ軍とともに軍事作戦を行い、敵の勢力と銃火を交えることになる。果たしていいのだろうか？

A　いま現在、中国は南沙《なんさ》諸島に軍事基地をつくっただけでなく、東シナ海のガス田開発まで着手し、明らかに日本のシーレーンを遮断しようとしている。中国との軍事衝突の懸念が強まっている以上、アメリカとの軍事同盟の強化は不可欠であり、そのためには国民の生命と財産を守る義務を負った政府としては苦渋の選択として安保法制の整備を受け入れるしかない。

◎新国立競技場問題

Q　1600億円どころか3000億円以上の予算がかかりそう。そもそもオリンピック会場の建設費用は500億円が相場なのに、いったい、どうして、こんなことになっているんだ？

A　安倍晋三《あべしんぞう》政権は民主党が決めたザハ案を白紙撤回するという英断を下した。なんとか1600億円以内で建設費をまとめるという断固たる決意を示している。

◎ギリシャ経済問題

Q　莫大《ばくだい》な財政赤字で国家破綻や債務不履行（デフォルト）の懸念が強まっている。どうしてギリシャはこれほど莫大な財政赤字をつくったのか。その原因はなんなのか？

A　ギリシャ人はまったく働かず、脱税ばかりして、まともに税金も払わない。そのくせセックスの回数は世界一。ダメな人間ばかりが集まった国家なのだ。

◎ウクライナ情勢問題

Q　選挙という民主的な手続きを経て誕生した親ロシア政権が市民の暴動によって転覆し、クーデター政権は親EUを掲げ、親ロシアの住民たちとのあいだで内戦状態に陥っている。

A　ロシアが軍事介入してクリミアを併合した。国際社会はこのロシアの暴挙を絶対に許してはならない。

◎オスプレイ導入問題

Q　事故が多い危険な機体だし、価格も高く、導入は慎重にすべきだ。
A　「3・11」のときにオスプレイが導入されていれば、たくさんの被害者を救えたはずだ。導入に反対する人は被災地の人を見殺しにしていいという連中である。

問題が発生した時点で誰もが「正しい答え」を持っていたはずだ。ところが導かれていく答えは明らかに「間違っている」ことがわかるだろう。

意図的な世論誘導が行われている証拠といっていい。

なぜ安倍総理は安保法制を急いだのか

もう少し、くわしく見ていきたい。

多くの日本人にとって関心が高かった安保法制は、そもそもどうして登場したのか。

その大きなきっかけとなったのが、2015年2月に発生した「イスラム国による日本人2名の殺害事件」であろう。

イスラム国の勢力はその前年の２０１４年10月に日本政府がアメリカとのあいだに集団的自衛権を容認したことを受けて、「アメリカの軍事同盟国」として日本も敵国として認定し、日本人をターゲットにしたテロを行うと宣言。それを実行した。

この暴挙に対して多くの日本人が激怒し、安倍総理の「（日本人を殺した）罪を償わせる」という発言にも納得した。

とはいえ、現実問題として海外における日本人のテロの危険性と、さらにイスラム国のテロリストが日本国内でテロを引き起こす可能性も強まってきた。そこで日本人が人質にされた場合に自衛隊を投入する、あるいはテロ対策に自衛隊を活用しようという機運が高まる。

自衛隊を海外派遣するには安保法制を全面的に刷新する必要がある。その結果、いつの間にかアメリカとのあいだに集団的自衛権を容認した正規の「軍事同盟」にしなければならないと、今回、安保法制の全面改正が可決したわけだ。

ここでポイントとなるのは、「イスラム国による日本人殺害」というテロがきっかけとなっている点であろう。この事件がなければ法改正の機運は高まらなかったはずだ。

さて、２０１５年7月中旬に「Cyber Berkut」というウクライナの親ロシアハッカー集団があるスクープ情報をハッキングした。

その情報を紹介したのが「Veteran's Today」というアメリカ軍関係者によって運営されている軍事諜報《ちょうほう》サイトである。それがこの記事である。

「Staged ISIS Beheading Video Hacked from McCain Staffer（マケインのスタッフをハッキング、イスラム国の「斬首」はやらせという衝撃映像入手！）」

URLを張っておくので、興味のある読者は、ぜひ自分の目で見てほしい（http://www.veteranstoday.com/2015/07/11/staged-isis-beheading-video-hacked-from-mccain-staffer/）。

公開された映像には、撮影スタジオで俳優がクロマキーで合成（ブルーバック合成）されている。つまり日本人殺害を含めたイスラム国兵士による外国人殺害の映像はすべて「映画」だったのである。

私は過去の著書で何度もイスラム国の最高指導者アブ・バクル・バクダディはモリドの工作員「サイモン・エリオット」だと述べてきた。サイモン・エリオットがジョン・マケイン（アメリカ上院議員）と一緒に写っている写真も公開されている。

ちなみに「ISIS」という用語はイスラエルの諜報機関「モサド」の略として使用さ

れていることをご存じだろうか。

モサドの由来はヘブライ語の「ハーモサッド・レーモディイン・ウーレータフキディム・メユハディム」の頭文字から来ており、正式名称はイスラエル諜報特務庁となる。

そのイスラエル諜報特務庁の英語訳は「イスラエル・スペシャル・インテリジェンス・サービス」。頭文字をつなげれば「ＩＳＩＳ」なのだ。イスラエル政府は「Institute for Intelligence and Special Operations」を使っているが、国際インテリジェンスの関係者たちはモサドの別名を「ＩＳＩＳ（アイシス）」と呼ぶのが一般的で、いわゆる通《つう》っぽい言い回しなのである。

いずれにせよ、イスラム国テロという「でっちあげ」によって日本の世論は見事に誘導されていき、気がつくと、「戦争法案」がうやむやのまま衆議院で可決されてしまったわけだ。

イスラム国の残虐テロは「やらせ」だった

この衝撃映像をハッキングしたのは親ロシア派のウクライナ人ハッカーグループといわ

れている。折しも本書執筆中の同年7月に私のもとにウクライナを取材していたロシア人ジャーナリストが訪ねてきた関係で、ウクライナ情勢をくわしく教えてもらった。

そのジャーナリストはウクライナで反政府デモ、つまり親ロシア政権に対するデモに潜入した。するとデモを主催していたのはアメリカ国務省で、そこから豊富な資金が出ていた事実をキャッチした。だいたい1日25ユーロ、日本円にすれば1万円ぐらいの感覚で、しかもデモ参加者は国務省が用意したドラッグも「やりたい放題」だったらしい。

ウクライナの反政府デモが非常に過激で、デモ隊の連中が武器を持って大暴れしていたのは、このジャーナリストによれば「ドラッグをキメてハイテンション」になっていたからというのだ。

それだけではない。私のもとに入ってきた情報によれば、もっととんでもない状況だったことがわかってきた。

まず、アメリカ国務省は数十億ドル分の「偽札」をウクライナに向けて運んでいたが、その密輸グループがドイツ当局によって逮捕されたらしいのだ。この密輸グループが運んでいた偽札の量はバス2台分にもおよんだという。

しかも情報によれば「逮捕されたのはアメリカ国務省国務次官補（欧州・ユーラシア担

当）を務めるビクトリア・ヌーランドの補佐官であり、拘束後はウクライナにおけるアメリカの裏工作の事情を素直に話し始めている」と証言しているという。

その裏工作というのは「アメリカ国務省とアメリカの投資信託運用会社ヴァンガード・グループ（The Vanguard Group）が親欧米派のウクライナ政府と東ウクライナにいる反政府軍の両方に偽ドル札と武器を供給していること」「アメリカ政府がウクライナの内戦を煽動《せんどう》するために多くの人々を虐殺していること」、さらには「それらの裏工作にジョン・ブレナンＣＩＡ長官や共和党のジョン・マケイン上院議員、ジョン・ケリー国務長官らが深くかかわっていること」などといわれているのだ。

つまり、中東で繰り広げられている「ＩＳＩＳ騒動」と「ウクライナ騒動」は同じ黒幕が糸を引いていることがわかるだろう。

事実、先の親ロシアのハッカーグループはマケインのスタッフのＰＣ（データ）をハッキングしてイスラム国の「やらせ映像」を入手している。イスラム国とウクライナ事件の黒幕が一緒という何よりの証拠であろう。

こうした衝撃的な情報が隠蔽されてきた真実を伝える情報はギリシャ問題にも存在する。ギリシャ問題については第６章でくわしく述べるので、ここでは簡単な説明ですませるが、ようするにギリシャの財政赤字の大半は欧米の金融機関が詐欺同然の方法でギリシャに押しつけた実態と、その手口、やり口も、じつはすでに判明しているのだ。

しかも、その「事実」をギリシャ国民の多くがすでに知っている。だから返済に対してあれほど強く反発しているのだ。

そこで「ギリシャ人は怠け者ばかりで、仕事もせずにメシを食って、サッカー場で暴れて、あとはセックスして寝るだけのダメ人間だから借金ばかりつくったのだ」というプロパガンダ（宣伝戦略）が展開されてきた。そんなものに簡単に騙《だま》されて世論誘導されているのが、いまの日本人であり、世界の現実なのである。

「5年前の自分」との会話

いったい、この世界ではどれほどの世論誘導が起こっているのか。

それを証明するために、ひとつ思考実験をしてみよう。

やり方は難しくない。

——5年前の自分と会話する。

モデルのイメージは30代から50代の男性。政治や経済に関心が強く、どちらかといえば善良なタイプを想定してみよう。

その人物が2015年現在と2010年当時の意識のまま会話したというシミュレーションが以下のようなこととなる。内容に関しては本書編集部のスタッフにアンケート形式で調査し、それをまとめたものと思ってほしい。

5年前のあなた（以下、5年前）　2015年は何か大きな動きはあったかい?

現在のあなた（以下、現在）　ああ。去年（2014年）、集団的自衛権が容認されたのを受け、いま（2015年7月）は安保法制の審議で日本中が大騒ぎになっているよ。

5年前　集団的自衛権の容認!?　憲法違反で大混乱しただろ。

現在　いや、アメリカが容認して、はい、それで終わり。ほとんどもめなかったな。

5年前　その安保法制というのは?

現在　集団的自衛権を結んだアメリカが戦争をした場合、日本も対応する必要がある。そのため自衛隊の海外派兵を含めた法律をつくろうとしているんだよ。そこで「武力行使の『新3要件』」という集団的自衛権を使う際の前提になる三つの条件も決まった。①我が国に対する武力攻撃が発生したこと、又は我が国と密接な関係にある他国に対する武力攻撃が発生し、これにより我が国の存立が脅かされ、国民の生命、自由及び幸福追求の権利が根底から覆される明白な危険があること（存立危機事態）。②これを排除し、我が国の存立を全うし、国民を守るために他に適当な手段がないこと。③必要最小限度の実力行使にとどまるべきこと、となっている。これに関してはさすがに国民の批判もあって国会でもめた結果、そのまま強行採決で圧倒的多数の与党が押し切った。

5年前　もめているって、そんな話じゃないだろ！　こんな法案が通ったら平和憲法との整合性はいったいどうなるんだ？　というより、日本は戦後、集団的自衛権を拒否することで平和国家として国際社会に認められてきた。だからイスラム過激派のテロのターゲットにもならずにすんできた。集団的自衛権を認めれば日本は完全にアメリカの軍事同盟国となる。アメリカと敵対する国家や勢力は日本も攻撃対象にするぞ。

現在　いや、集団的自衛権を容認した直後の2月（2015年）、日本人2人がイスラム国と名乗る武装ゲリラに殺害されるテロ事件が起こったんだよ。それで、まずは自衛隊を戦場に派遣して人質の奪還作戦ができるように法改正しようという機運が高まった。さらにやっかいなのが中国でね。今年になって（2015年2月）中国は南沙諸島に強引に軍事基地をつくって南シナ海の海洋覇権を打ち出してきた。そうしたら日本のシーレーン（海上輸送）に支障が出るし、すでにアメリカと中国の軍事的緊張が高まっている。そうした流れで安保法制の全面改正が打ち出されたんだよ。

5年前　ちょっと待ってくれ。どうして中国を日本の敵国のように当たり前に発言しているんだ？　中国は日本の重要なパートナーじゃないか。去年（２００９年）なんて中国との貿易総額は輸出が14兆円、輸入が29兆円、日本の貿易総額のじつに40％で、アメリカを抜いて最大の貿易相手国になっている。「政冷経熱」といって政治では対立することも多いが、日本企業は積極的に中国に融資や企業進出をして両国の国民も仲よくやっていたじゃないか。

現在　いや、ほとんどの日本人が中国は敵国とまではいわないまでも、中国と日本のあいだで軍事衝突があっても不思議はないぐらいに思っているよ。まだ経済面では重要なパートナーだけど、軍事衝突の可能性も高まっているぶん、日系企業の撤退や投資の縮小が相次いでいる。ＡＩＩＢ（アジアインフラ投資銀行）にも日本はアメリカと一緒に不参加を決めたほどだよ。

想像もできなかった日中関係の悪化

5年前　AIIBって？

現在　中国政府が提案したアジア方面のインフラ投資銀行だよ。中国は日本に「副総裁」の地位を約束して参加を呼びかけたけど、日本にはADB（アジア開発銀行）があるからと、けんもほろろに断った。

5年前　どうして？　要はアジアのインフラ投資のファンドだろ。ADBがあるからって両方加入すればいいだけじゃないのか。まさかADBをつぶしてAIIBに一本化しろと要求されたのか？

現在　いや、そんなことはない。だからアジアで中国が拒否した台湾、香港《ホンコン》と北朝鮮以外で不参加だったのは日本だけで、世界でもアメリカ、カナダ、メキシコ、アルゼンチン以外はすべて参加を表明した。出資金の半分近くは中国が供出するので、ほとんどの参加国はADBと両方参加している。なんとなく日本は中国との関係をできるだけ縮小して来るべき軍事衝突に備えようという感じだろう。実際にAIIB不参加は経済界から反対意見も多かったんだが、ネットを中心とした世論は不参加を強く支持していた。この数年、2012年以降、中国は信用するな、日本の敵になる可能性が高いと感じている日本人は決して少なくないんだよ。

5年前 中国との太いパイプを持った小沢一郎《おざわいちろう》はどうしたんだ？ というより民主党は親中というか親BRICS《ブリックス》（ブラジル、ロシア、インド、中国、南アフリカ）政権で、アメリカとは一歩距離を置いていたはずだろう？

現在 民主党？ あんな政党は消滅寸前だよ。いまは自民党が衆参両院で単独過半数近い議席を持って公明党との連立を組んでいる。ちなみにいまの総理は安倍晋三で、2012年12月に圧倒的な議席獲得で総理の座につき、この3年は強気の外交政策で高い支持率を誇っている。

5年前 安倍晋三って、あの下痢で辞めた？ それが強気の外交？ 信じられん。それはそうと、小沢一郎はどうなっているんだ？

現在 小沢一郎は民主党を割ったあと「生活の党」をつくったが、これもほとんど瓦解して、いまは「生活の党と山本太郎《やまもとたろう》となかまたち」という泡沫《ほうまつ》政党だよ。

5年前 なんだ、その冗談は。全然おもしろくないぞ。だいたい山本太郎って誰だ？

現在　いや、本当なんだ。小沢の「生活の党」は4人まで議席を減らして政党助成金の条件となる5人目として、2015年の参議院選挙に当選した元俳優の山本太郎に参加を呼びかけたんだが、そのときに参加の条件にしたのが党名に「山本太郎となかまたち」と入れること。それを小沢は受け入れ、いまではNHKのニュースでもこの名を連呼している。僕もこの名前を聞くたびに「小沢一郎は終わった」と実感するね。彼はもう二度と政治家として復活しないだろう。

5年前　本当に信じられない話だ。小沢の政治力が落ちて、ここまで中国と敵対するようになっているのか……。やはりそこが理解できない。2008年にリーマン・ショックがあって、それ以前からアフガニスタンやイラクで好き放題に戦争をしかけてきたアメリカに対して多くの日本人は反発していた。今後は経済面で大きく躍進した中国と共同歩調を取っていこうと、小沢一郎が主導した民主党は、対米追従の自民党を倒して政権交代を実現した。それが去年（2009年）の話だ。小沢一郎の「極東には第7艦隊で十分」や鳩《はと》山由紀夫《やまゆきお》の「沖縄《おきなわ》からの米軍基地撤退」という発言に対して、それこそアメリカは日本に対して同盟国どころか敵国のように扱い、日本人も怒っていたじゃないか。だいたい日本の総理に対して「ルーピー（間抜け）」呼ばわりしたんだぜ、アメリカは。

現在　いまは戦後最大といっていいぐらいアメリカとは蜜月だよ。実際に今年（2015年）6月の訪米では日本の総理として初めてアメリカ両院議会で演説までさせてもらった。尖閣《せんかく》諸島に関してもアメリカは「安保発動条件」と明言したこともあって、むしろ沖縄米軍基地撤退は日本政府のほうが「絶対に残ってくれ」と要望している。いま沖縄から米軍が撤退すれば、中国が尖閣諸島を奪いにくるのは間違いないからな。

5年前　何をいっているんだ？　そもそも中国と敵対しなければ在日米軍基地なんかいらないだろ。小沢一郎と鳩山由紀夫の発言の意味はそこにある。よく考えてみろよ。太平洋《たいへいよう》の反対側までアメリカというか米軍が管理すること自体が間違いなんだよ。中国が経済発展した以上、このエリアをカバーするのは当然だし、それに日本も協力すればすむ話だ。だいたいリーマン・ショックで国家破綻寸前のアメリカはその軍事費を削減して経済対策に回すべきだろ。日本だけでなく世界中の国々が、いやアメリカ国民だってそういっていたじゃないか。アジアは中国を中心にやっていけばいいいと。

現在　残念ながら、いまの日本では通用しないな。

5年前　どうして？

現在　2012年、いまから3年前に尖閣諸島問題をきっかけに中国で大規模な反日暴動が起こって多くの日系企業が焼き討ちにあった。それだけじゃない。２０１０年以降、中国はさかんに尖閣諸島に海警（海上警察）の巡視船だけでなく、人民解放軍の軍艦や戦闘機を派遣している。それに対処した自衛隊の護衛艦や哨戒機《しょうかいき》に対して中国は何度もＦＣＳ（火器管制装置、ファイヤー・コントロール・システム）を作動。つまりミサイルや機銃をロックオンしたと安倍政権は公式に発表した。拳銃を向けて安全装置を外し、引き金に指をかけたんだ。応戦して射殺しても正当防衛が成り立つ。そんな暴挙を平気でしてくる中国が日本の領土である尖閣諸島を「中国の領土」と公式に発言しているんだ。近いうちに軍事衝突が起きると思うのは当たり前だし、もっといえば尖閣だけでなく、沖縄まで「もともと中国の領土だった」とアピールしている。アジア最大の軍事大国と軍事衝突する可能性が高まっているんだから、当然アメリカとの関係を修復して、いざというときは米軍に守ってもらうしかない。そう考えている日本人は本当に多くなった。

５年前　なるほど。大規模な反日暴動や尖閣諸島における軍事挑発で反中意識が高まったのはわかった。とはいえ、もともと中国は東側で戦後長らく対立していた。ここ何年か関係が良好になっただけで、その意味でいえば、ちょっと時計の針が戻った程度で、こうしたトラブルや問題は折り込みずみだろう。逆にアメリカは「９・11」で軍事面、リーマン・ショックで経済面と問題が多すぎる。世界をメチャクチャにしたのはアメリカだというのが2008年以降の「国際常識」だったはず。実際に戦後一貫して親米だった日本人も、ついにはあきれ果てていた。どう考えてもこれほど中国と敵対している理由はわからないし、それ以上に、これだけ日本人がアメリカを信用していることが僕にはまったく理解できない。2010年以降、日本に何があったんだ?

誰も気づいていない「3・11」という曲がり角

現在　そうか、「3・11」は2011年だものな。

5年前　3・11?

現在　東日本を中心にマグニチュード9・0の巨大地震が発生し、太平洋沿岸地帯に巨大津波が襲って甚大な被害が出たんだよ。とくに福島《ふくしま》第一原発事故はメルトダウン事故を起こすなど、あまりにも甚大な被害に恐怖した日本人に対して、アメリカは即座に「トモダチ作戦」といって軍隊を派遣して救助活動にあたってくれた。これで日本人のアメリカに対する反発はいっさい吹っ飛んだ。

5年前　中国だって救援してくれたんだろ？

現在　ああ。中国を敵国扱いするようになったのは原発事故の結果、日本の原子炉がすべて稼働を停止して日本のエネルギー政策が大幅に変わったこともあるだろうね。全エネルギーの4割を依存していた原発が止まれば当然、残り分は石油やLPG（液化天然ガス）で代替しなければならない。世界中からエネルギーを大幅に輸入する必要が出てくれば、安定して供給量を確保するにはどうしてもアメリカに頼らざるをえない。それともうひとつ重要になるのはシーレーン。中東からマラッカ海峡を抜けて南シナ海を通る石油ルートと、オーストラリアやインドネシアから、やはり南シナ海を通るLPGルートは、いまや日本の生命線。ここを断たれると、さっきの安保法制で集団的自衛権の発動条件である「武力行使の『新3要件』」である存立危機事態になってしまう。その重要なルートで中国は南沙諸島や尖閣諸島で軍事行動を活発にしている。戦前の日本はエネルギーをアメリカに断たれて絶望的な戦争に突入した。それだけに中国の行動を非常に危険視するようになっている。日本人にとって油断――油（エネルギー）を断たれる、断たれるかも――というのはものすごいトラウマであり、温厚な日本人が爆発して一瞬にして意識を変える案件なんだろうな。オイルショックのときのパニックもそうだったし。

5年前　「3・11」がなく、いや、あったとしても原発事故がなければ当然、エネルギー政策に変更はなく、中国とのあいだで尖閣諸島の問題が多少起ころうとも、日本としては「政冷経熱」を維持してここまで対立はしなかったと。

現在　だろうね。原発事故さえ起こらなければ民主党政権はもっと続いていたかもしれないし、少なくとも小沢一郎が山本太郎「と」なかまになることはなかった(笑)。

5年前　たった5年でここまで日本人の意識が変わった最大の理由は「3・11」の原発事故というわけだ。それで日本人の考え方や認識が一八〇度といっていいほどひっくり返った。だとしても、ここまで反中親米になるとはねえ。

現在　いや、軍事大国化もすさまじいよ。

5年前　そうだな。集団的自衛権は自衛隊の海外派兵のための法案だもんな。

現在　それだけじゃない。去年(2014年)には日本の兵器輸出を事実上禁じていた武器輸出3原則を改正して防衛装備移転3原則をつくって日本製兵器輸出を全面解禁し、さっそくオーストラリアへの潜水艦の輸出がほぼ決定したし、兵器を共同開発したり、ODA(政府開発援助)で日本製の兵器を途上国に譲渡したりできるようになった。あと、離島などを軍事占拠された場合の専用部隊として日本版海兵隊「水陸両用団」も新設してオスプレイ17機も配備した。２０１０年までは削減傾向にあった自衛隊は対中国を名目に予算も兵器も増強に転じている。

５年前　５年後の日本は僕の知っているような日本じゃないんだな。

現在　ああ。本屋に行けば韓国や中国は敵だ、信じるな、断交しようという本が飛ぶように売れているよ（苦笑）。

５年前　韓国を？　韓流《ハンりゅう》ブームとかいって日本のオバサン世代に大人気だったのに。「ヨン様」はどうなったんだ？

現在　すっかり消えた。韓国も中国も親しみが消えて憎しみだけが残った。日本人がこれほどあからさまに外国の悪口をいうのは、それこそ第２次世界大戦のときの「鬼畜米英」以来かもしれないな。

５年前　たった５年で……。

現在　そう。５年で何もかも変わった。変わったといわれなければ変わったことすら気づかないぐらい普通に変わっていったよ。５年前の自分が何を考えていたのか、自分で忘れるぐらいにさ。

開戦前夜特有の「意識の断絶」

まさに「断絶」といっていいぐらい意識、いや認識が変化していている。おそらくこれほど日本人の意識が変化したのは、1990年のバブル崩壊、あるいは終戦直後の1945年以来のことではないか。

こうした「意識の断絶」は決してめずらしくない。

典型的な例でいえば「9・11」のアメリカがそうだ。2001年9月11日以前と以後ではアメリカ市民の「テロ」に対する認識は一八〇度変わった。先ほどのシミュレーションのように「9・11」以前と以後のアメリカ人が会話すればケンカになってしまうかもしれない。「9・11」以前のアメリカ人に「アフガニスタンと戦争をする」といえば、ほぼすべての市民が猛烈に反対しただろうし、ましてや「愛国者法」といった人権を著しく制限する法律に賛成するはずもなく、そんな政策を掲げるような政権はあっという間に崩壊しただろう。

しかし、現実には「テロとの戦い」を掲げたジョージ・W・ブッシュ（ベイビー・ブッシュ）の政権は空前の高支持率に支えられて戦争に邁進《まいしん》した。

じつはアメリカが戦争するとき、必ずこの「意識の断絶」が起こっている。

いくつか列挙してみよう。

◎メイン号事件

1898年にアメリカの戦艦メイン号が爆破・撃沈された事件。アメリカの新聞がいっせいに「スペインによるテロだ」と報じた結果、戦争に反対する世論が南北戦争後に一気にスペインとの戦争に傾いた。この米西戦争で勝利したアメリカは中南米の権益およびフィリピンを支配下に置いてアジア再進出の足がかりを得た。

◎ルシタニア号事件

1915年にイギリス船籍の客船ルシタニア号がドイツのUボート（可潜艇）によって撃沈されて、アメリカ人128人を含む1198人が犠牲となった事件。当時のアメリカは外国との戦争には関与しない「モンロー主義」から第1次世界大戦には不参加を表明。その結果、戦争特需で空前の好景気に沸いていた。ところが、このルシタニア号事件がきっかけになって対独参戦を決定する。

◎真珠湾《しんじゅわん》攻撃事件

１９４１年にアメリカ太平洋艦隊の根拠地であるハワイ真珠湾を日本海軍機動部隊が宣戦布告前に奇襲し、戦艦16艦と２４００名のアメリカ兵が卑劣な日本軍の騙し討ちによって虐殺されたと喧伝《けんでん》した結果、第２次世界大戦への不参戦を求めていたアメリカ市民は対日参戦を熱烈に支持することになった。その後、アメリカはヨーロッパ戦線にも参戦し、第２次世界大戦の覇者となる。

◎トンキン湾事件

１９６４年に北ベトナムのトンキン湾で北ベトナム軍の哨戒艇がアメリカ海軍駆逐艦に2発の魚雷を発射した事件。この事件によってアメリカは本格的に軍事介入してベトナム戦争へと突入する。

アメリカ人が戦争を始めるための「ルール」

勘違いされやすいが、アメリカ市民の多くは別に好戦的な人たちではない。世界的に見ても「戦争」を嫌っている人が多いぐらいだろう。

これには理由がある。アメリカは建国以来、移民の国家として成立してきた。とくに初期の市民は宗派の弾圧を受けて逃げてきた人たちであり、その後の大半は本国の飢饉《ききん》や不況、経済的な理由から移住してきた人たちだ。それは現在も変わりあるまい。

宗教や文化、民族の違う人が集まり、出身国もバラバラなのだ。当然、他国に軍事介入すればその国出身の市民が反発する。なかなか市民の同意を得にくいのだ。また、移民してきたばかりの人たちは、まずは自分たちの生活が最優先で戦争などしたくはない。

そんなアメリカ市民が一致団結できることがある。

――ルールを破って不正な方法で罪なきアメリカ人を殺害した。

この瞬間、アメリカ世論は一致団結して敵を倒せと叫ぶようになる。アメリカは文化も人種もバラバラゆえに、この人種が殺されたときは戦争をして、この人種のときはしないでは国家が成り立たないのだ。

アメリカ政府は、いつ、いかなるときもアメリカ市民を不正に殺害した組織や国家に対して断固たる態度で挑む。そして市民は不正な方法で市民を虐殺した「悪の組織」に正義の鉄槌《てっつい》を下すときのみ戦争を受け入れて協力する。

これがアメリカという国家とアメリカ市民の「ルール」となっているのだ。

逆にいえば、それ以外ではアメリカ市民は「対外戦争」を許さない。あの領土が欲しい、あの権益が欲しいというだけで軍を派遣すれば猛烈な反対運動が起きる。そこには「正義」がないからだ。

実際に正義のない戦争に対するアメリカ市民の反発は本当にものすごい。日本を含めた普通の国では「始まったものはしかたない」とズルズル戦い続けてしまいやすいが、アメリカは違う。正義がなければ即座にやめろという世論が生まれる。アメリカ人が戦争を嫌っている何よりの証拠だろう。許容される「正義」の戦争はアメリカ市民を卑劣な方法で虐殺した「悪」と対峙《たいじ》するときだけなのだ。

本来ならばこの条件がそろってアメリカが参戦する事態は起こりにくい。たとえそういう事件が起こったとしても、起こした側は「犯人」を捕まえ、国際法にもとづいてきちんと対処すればアメリカ人だって矛を収める。戦争になることはない。

ところが、である。この「卑劣な方法によるアメリカ市民の虐殺」がじつにタイミングよく起こり、犯人側はこぞって「自分たちはやっていない」「自分たちもハメられた」、あるいは「無関係だ」と開き直るのである。当然、犯人は捕まらず、法で裁かれることもない。「不幸な事件」「お悔やみ申し上げる」という言葉のみ。結果、アメリカ社会の怒りは火に油が注がれたように爆発していくことになる。

いずれにせよ、こうした事件が起きるとアメリカ市民はあまりのショックで当初は茫然《ぼうぜん》自失《じしつ》となりやすい。次にアメリカのメディアがいっせいに「敵」を認定し、その悪辣で卑劣な手口を報じる。ショックを受けたアメリカ市民はそのやり場のない感情を「敵を倒せ」という目標で解消しようとする。それ以外のことには関心を失い、「卑劣な敵に正義の鉄槌を下す」ためならば、どんな犠牲もいとわなくなる。

一種の集団ヒステリーが起こって、あれほど戦争を嫌っていた国民が突然、異常な好戦性を発揮してしまう。

いつもこのパターンでアメリカは戦争を始める。

例外はないと断言できるほどだ。

では、日本が戦争を始めるための「ルール」とは

では、いまの日本に起こった「意識の断絶」は何が原因なのか。

「3・11」がきっかけとなっているのは間違いない。

たしかに大地震と津波による大きな被害があった。しかし、それだけで温厚な日本人の意識に断絶が起きることはない。良くも悪くも日本は震災大国なのだから。

「3・11」の最大のショックは、いうまでもなく「福島第一原発事故」だ。この事故がなければ多少の動揺はあろうと日本人の意識に変化はなかったはずだ。

問題は日本の原発が危ういタイトロープの上で成り立ってきたことにあろう。

周知のとおり、日本は被爆国であり、原子力には国民全体で強いアレルギーを持っている。それでも原子力発電を容認したのは、先のシミュレーションでも述べたように「油断」の問題があったからだ。日本は石油の輸入を断たれて戦争に突入した。戦後にアメリカの支配を受け入れたのもアメリカが安定してエネルギーを供給してくれるからだ。

日本の高度経済成長はとどのつまり、高度成長できるだけの石油を得たことに尽きる。

実際に戦前に1960年代に消費した量の石油を確保できていれば、戦前でも高度成長は起こっていた。戦後の日本はアメリカの支配という屈辱のなかでも「エネルギー確保」という恩恵のほうが大きいと判断してきたのだ。

ところが、そこにオイルショックが起こった。1971年以降の2度にわたる石油危機は、戦争の記憶もまだ色濃い時期だけに日本人に強いショックを与えた。戦前はそれでも世界屈指の武力を持ち、力ずくで石油資源を分捕ろうとして戦争になった。戦争を放棄した戦後はアメリカに泣いてすがりついて恵んでもらうか、それ以外では原子力発電しか選択肢が残っていなかったのだ。

核アレルギーと石油ストップというトラウマのどちらが「我慢できるのか」。そんな究極の選択のなかで日本は原発導入を決定する。日本政府が「絶対安全」といった論理的にありえない説明を繰り返してきたのも、そうした背景があるからなのだ。

最終的に日本の原発は48基を数え、フル稼働すれば全エネルギーの半分近い割合にまで高めた。いわばエネルギーの5割を自給できる体制であり、備蓄分も含めれば数年は「鎖国」してもやっていける状況をつくりだしていた。ことの是非は別にして、エネルギーの確保という点ではかなり安定した体制になっていたわけで、石油ストップという戦前のトラウマを克服し、それによって核アレルギーを我慢してきたのだ。

そこに福島第一原発事故である。

事実上、3度目の「被爆」に日本人は強いショックを受け、日本人の多くは我慢してきた核アレルギーを一気に爆発させた。日本中で巻き起こった反原発デモを見れば、いかに日本人が核アレルギーに耐えてきたのかがよく理解できよう。

しかし、「核アレルギー」を優先すれば今度は「石油ストップというトラウマ」を刺激することになる。こうして何度も何度も激しい感情の揺り戻しが起こる。

結果、多くの日本人はどうしていいのかわからずパニックになっていく。いっさいの思考停止をしている状態なのだ。当然、心理状態は簡単に騙されやすくなっている。

精神を安定させる最も簡単な方法は「責任」を誰かになすりつけること。こいつが悪いと決めつけて文句をいうことになる。要は「敵」を設定するわけだ。

福島第一原発事故の場合、まず民主党が標的になった。無能政権が被害を拡大した、政権を任せることはできないと批判する声に、まずは支持が集まった。

次に憎むべき相手として登場したのが、そう、中国である。そこにタイミングよく2012年の大規模反日暴動が起こった。これで日本人の親中意識は消し飛び、中国を敵国とする精神状態が生まれる。

ここで理解してほしいのは、福島第一原発事故がなければ民主党政権に失望しなかっただろうし、中国の反日暴動に対してここまで嫌悪感を示すこともなかったという点である。繰り返すが、この時期の日本人は異常なパニックに陥っていた。

核アレルギーから原発を無理やり止めればエネルギーの安定確保が難しくなる。エネルギーの安定確保のためにはアメリカとの集団的自衛権を受け入れてアメリカの戦争につきあう必要がある。戦後築いていた平和国家を脱ぎ捨てるのはいやだが、原発再稼働はもっといやだ。どうすればいいんだ……。

この矛盾を解決する唯一の方法が「中国は敵」というプロパガンダに飛びつくこと。

中国が敵ならばアメリカと集団的自衛権を結んでもよくなる。中国がシーレーンの安全を脅かす以上、自衛隊の軍事力をアップせざるをえない。そうした軍事力を背景に国際社会に打って出て戦前のようにエネルギーを確保していけばいいとなる。

中国で起こった反日デモに関しては、私自身が取材してその裏事情をつかんでいる。

最初の反日デモ（２００５年）はフランスのＨＯＣＨＥ《オッシュ》グループのトップであるジャン・ダニエル・コーエンという人物による「映画」であった。これは私自身が中国政府の関係者筋から聞いた情報なのだが、「1日1200人民元を払って反日デモをやらせた」と証言している。その後、コーエンに直接電話をして確認したところ、否定はしなかった。一般的にいえば「やらせ」だ。そんなでっちあげのやらせを日本人と日本のメディアは信じ込んでいたのだ。

尖閣諸島問題の発端となる中国船籍の漁船も同様であろう。こちらは香港のサッスーン財閥がプロの「デモ屋」、つまりカネで動く自称「愛国的活動家」を利用したことがわかっている。

それだけではない。別の著書で何度も述べてきたが、福島第一原発事故は「事故」ではなく「テロ」であった。くわしくはほかの著書に譲るが、簡単に説明すれば福島第一原発は旧タイプのアメリカGE製で津波対策がほどこされていない欠陥原発だった。

そして、その原発の警備を請け負っていたのがイスラエルのPMC（民間軍事会社）で、このPMCはCIAが設立にかかわったアメリカ、正確にいえばベイビー・ブッシュ勢力の私兵なのだ。GEから設計図も入手でき、専門のトレーニングを受ければ事故に見せかけた破壊工作は容易にできる。実際に日本製の福島第二原発は同様の津波の被害を受けても安全だった。最初から福島第一原発は「狙われていた」のである。

構図としては「9・11」などのアメリカ市民を戦争に駆り立てるパターンと一致するのだ。誰が犯人なのか、もはや説明するまでもあるまい。

権力者にとって都合のいい事件が起こり、その結果、世論が都合のいい方向へと向かっていく。国民の多くはそうして「誘導」されていることすら気づかずに「自分の意見」と信じてしまう。

これが軍事技術「サイオプス」の恐ろしさなのである。

イラクの人々にアラビア語の新聞を配るアメリカ海兵隊。こうした行動で他国の人間の思想を当人にすら気づかないうちに操作する。

第2章 日本人が知らない「サイオプス」の全貌

私が日々感じている情報戦の罠

「ベンジャミンさんは典型的なハニートラップ顔をしてますねえ」

ある大手調査会社の幹部を取材したとき、そういって苦笑いされたことがあった。

調査会社の調査員、つまり探偵は極秘情報を得るために非合法スレスレの手段を取ることがある。それがマネートラップ（買収）とハニートラップ（色じかけ）だ。それで弱みをつかんで情報を引き出す。ジャーナリストではないからこういう手段が取れるのだ。

調査員はターゲットに対してどちらのトラップが有効かを判断しなければならない。この判断が的確であるほど有能となる。私が取材した幹部も「外したことがない」という名人で、顔を見れば即座に判断がつくという。で、冒頭の言葉になるのだが、これには私も思わず苦笑いした。

本当にハニートラップには弱いからである。

逆にマネートラップと恐喝にはまったく動じないし、屈することもない。

一般的なジャーナリストは、やはりマネートラップに弱い。恐喝には屈しない気骨のある新聞記者の場合だと、「ある団体で講演会をしてほしい」とか、「会員制の会報誌に論文を書いてほしい」という依頼が来る。たいてい役所の外郭団体や特殊法人で、そこの会報誌に簡単な記事を書いたり、勉強会に講師となって出席したりすれば1回につき何十万円の謝礼がもらえて、以後は定期的に仕事が増えて正規の年収分を稼げるようになる。

そうして反権力の記事が書けなくなる。書けば「二度とこのおいしい仕事が来なくなる」からだ。そう脅かされているわけではないが、なんとなくほのめかされている。逆に権力に都合のいい記事を書けば書くほどおいしい仕事がどんどん増えていくのだから、いやでも気がつく。「アメとムチ」ではなく、「アメとケーキ」。ムチで叩《たた》かれることはなく、ただアメをくれなくなるだけなのだ。

私も何度か誘われたが、堂々と突っぱねた。本当にカネがなくなって苦しい時期もあったが、まあなんとか耐えて、必死になって本を出版することでマネートラップはかわしてきた。脅しもさんざん受けたが、根が図太いのだろう。こちらも平然としたものだったが、ハニートラップに関しては正直、そのかぎりではなかった。

それ以上に苦労したのは、私に対するネガティブ・キャンペーンだった。

編集者から聞いた話だが、「ベンジャミンはドラッグをやっていて逮捕寸前」というのは一時期、出版社を含めてメディア関係者のあいだでは周知の事実となっていたらしい。

ある女性から「デートしよう」と誘われてノコノコついていくと、ちょっとしたホテルでパーティが行われていた。出席者に誘われて乾杯したり写真を一緒に撮ったりすると、それがじつに怪しげな団体で、「ベンジャミンはそうした怪しげな連中とつきあっているニセジャーナリストだ」という情報をネットなどにアップされたこともあった。

自宅近くを歩いていると、かわいらしい若い女性が「つきあってほしい」と声をかけてきた。それで年齢を聞くと「17歳」ということだったので「18歳の誕生日が来たら連絡をください」とアドレスを渡したものの、二度と連絡はなかった。まあ、これでそのままつきあったら「淫行」ということで逮捕されていたかもしれない……。

私の講演会できれいな女性が「もっとお話を聞きたい」と連絡先を教えてくれることがよくある。手紙ならばプリクラが貼ってあったり、メールならば顔写真がついていたりする。最近もそうして私に声をかけてきた「美人さん」がいて有頂天になっていたのだが、私のエージェントによれば、その「美人さん」は私のように硬派な著書を出しているジャーナリストの講演会にも出没し、やはり手紙を渡していたらしい。どうやらプロの「ハニートラッパー」だったようだ。

各国首脳もハメられた「ハニートラップ」

私の場合、私自身が「女好き」というスタンスを隠していないので、ジャーナリストとして致命的なダメージは受けてはいない。

しかし、現実社会ではこのハニートラップで世論操作、つまりサイオプスの駒にされてしまうケースも少なからず存在する。

実際に欧米では未成年の少年を対象とした売春組織が摘発され、そこを欧米の各界の著名人が多数利用していたというスキャンダルが発覚している。

その捜査のきっかけとなったのがBBCで活躍した人気司会者「ジミー・サヴィル」事件である。2011年10月に死去した国民的なテレビ司会者のジミー・サヴィルはその死後、多数の少年・少女と性交渉を持ち、また彼らに性的な虐待を加えていたという被害者が名乗りを上げて事件が発覚。ロンドン警視庁の捜査によって政財界の重鎮や世界のVIPなどをターゲットにした「闇の組織」の存在が明らかになりつつある。

高い社会的地位につけば金銭的に恵まれる。女性が好きならその地位を使って「高級コールガール」も利用できるようになる。女優の卵ぐらいならばいくらでも抱けるようになる。

人の欲望はどんどんエスカレートする。大物になればなるほど、もっと特別な遊びをしたくなる。

特別な遊びとは、ようするに「法律で禁止された相手」とのセックスとなる。

日本と違ってキリスト教文化圏では男色は依然「タブー」として根強い。ゲイに対する差別は減っているものの、性欲による男色は「ソドミー」といって、発覚すれば一発で社会的に抹殺される。ソドミーの語源は「背徳の街ソドム」なのだ。さらに欧米社会では未成年に対する性的虐待は最も重い罪のひとつでもある。

だからこそ成功者は「未成年との男色セックス」に強い憧れを持っている。これができるのが一種のステータスであり、特別な人間になった証拠となっているからだ。

そうして成功者ほど巧みに誘われ、その誘惑に乗ってしまう。もちろん本人にまったくその意思がないまま「ハメられる」ことも少なくない。

発覚すれば一発で社会的な地位や名誉を失うのだ。発覚しない前提となるのでドラッグを使った乱交なども平然と行われる。

私が得た情報によれば、イギリスの首相だったエドワード・ヒースは14歳の少年とのセックス映像を撮影されたことで徹底的に利用された政治家だった。事実、イギリスがその独自の立場を捨ててEC（ヨーロッパ共同体）に参加したのも、当時首相だったヒースの判断によるものだった。さらに田中角栄《たなかかくえい》をつぶすためにしかけられた「ロッキード事件」にもヒースは関与している。

私自身もあらゆる工作を受けてきた。だからこそ権力による世論操作のシステムは相当大がかりで、かつ緻密にできていると実感していた。

いったい、どうやって世論操作全体をコントロールしているのか。そのシステムはどうなっているのか。それをつくったのは誰なのか……。

調べた結果、たどり着いたのが「サイオプス」だったのである。

この章では軍事技術として生まれた「サイオプス」について説明していこう。

「武力」としての情報戦略

日本ではあまりなじみがない言葉であろう。「Psychological Operations」という「心理作戦」の略で「PSYOP」と書く。一般名詞として「サイオプス」と呼ぶ。作戦ではなく「戦い」や「戦争」を強調する場合は日本語では同じ心理戦となるが、英語では「Psychological Warfare」と区別している。

サイオプスの概念は決してめずらしいものではない。有史以来、戦いにおいて「情報戦」はつねに行われてきたからだ。

近年、サイオプスに注目が集まっているのは、これまで戦争や軍事行動に限定されていた情報操作の手法が平時でも日常的に使用されるようになったこと、さらに国家利益の確保の手段として全世界に対してひそかに運用されているからなのだ。

たとえばアメリカが日本を威圧して日本側が受け入れられないムチャな要求を飲ませたいとしよう。その場合に最も手っ取り早い方法は軍事的な威圧となる。しかし、日本と同盟関係にあるアメリカは日本への軍事行動は控えている。それをすれば同盟違反となり、あからさまな軍事挑発をすれば当然、日本の国民も安保条約破棄に動くし、ほかの同盟国もアメリカに対して不信感を抱き、やはり同盟破棄につながりかねない。軍事的威圧はやりたくてもできないのだ。

とはいえ、同盟国だろうと経済的に利害が対立してアメリカの国益を損ねるというケースは決してめずらしくない、むしろ関係が深いぶん、多いぐらいだろう。

そこでサイオプスである。心理戦をしかけて日本の世論をアメリカの都合のいい方向に誘導し、アメリカの利益を確保する。

ここで読者に理解してもらいたいのは、サイオプスが「軍事技術」として発展してきた純粋な「武力」という点である。本来ならば戦争相手もしくは敵国への巧妙な攻撃手段なのだ。ところが「サイオプス」はあからさまな武力には見えない、というか見せないようにカムフラージュしている。この特性を使って、いまやアメリカは同盟国どころか自国民にも平然としかけているのだ。

いま、私たちの世界は銃弾こそ飛び交わなくとも、流言蜚語《りゅうげんひご》やデマゴーグ、プロパガンダが飛び交う「情報戦争」のただなかにある。

そこで最強の兵器となっているのが、アメリカの「サイオプス」システムなのである。

サイオプスを構成する「3つの戦略」

さて、サイオプスは情報操作に関するあらゆるチャンネルをシステム統合した総体と思えばわかりやすい。そのため主要なカテゴリーがいくつか存在する。

ひとつは「情報戦（Information Warfare）」である。

情報戦は古今東西の戦争において使用されてきた最もオーソドックスな概念となろう。敵に対して戦場においてはこちらの戦力や作戦の漏洩《ろうえい》を防ぐとともに、間違った情報を与えて混乱させる。

つまり、相手にしかける「攻勢対情報」と、相手がしかけてきた情報戦を防ぐ「防勢対情報」の二つに大別できる。戦争や戦場に限定された作戦が情報戦となる。

次のカテゴリーが「国家心理戦」となる。敵国には敵国民の戦意を挫《くじ》き、反政府の世論を喚起する。逆に自国民には戦意を高めて政府を支持するように世論を喚起する。さらに周辺国や中立国、友好国への働きかけや国際世論の喚起もこの「国家心理戦」のカテゴリーに入ってくる。

とりわけ重要なのは、この国家心理戦は戦時に限定されず、むしろ平時において活用するという点であろう。国家政策をより有効化することが目的であり、政治的、経済的、軍事的、外交的など、あらゆる方面で国家の利害の最大化を目指すわけだ。

また、軍事活動において最も効果的な心理作戦は「自軍のイメージアップ」と「敵軍のイメージダウン」にある。簡単にいえば「正義」と「悪」の対立構造をつくり、相手国を占領した場合も「占領軍」ではなく悪辣な独裁者から国民を救った「解放軍」というイメージを周囲に植えつける。そうなれば自軍の士気は高まり、相手の戦意は下がり、なおかつ戦争後に相手の国民の管理もしやすくなる。

これを「軍事心理戦」と呼ぶ。この、軍事心理戦は自衛隊にも部隊があり、2007年にイラクのサマワに部隊を派遣した際に、現地での活動をスムーズに行うためにいくつかの作戦を実行した。イスラム圏では通常は濃いヒゲを生やす。そこで自衛隊の隊長はわざとヒゲを生やした。また、自衛隊の車両に現地で人気のあった日本のアニメ（「キャプテン翼」）のイラストをほどこしていた。これらの行動は軍事心理戦の一環だったのである。

ようするにサイオプス「心理戦」を大別すれば、まず軍が管轄する「情報戦」、次に国家のあらゆる機関を動員した「国家心理戦」、そして軍と国家が共同で行う「軍事心理戦」の三つに分類できる。とくに軍が主体となった情報操作を「情報戦」と呼び、国家が主体となった情報操作が「サイオプス」となる。軍もまた国家の構成要素のひとつである以上、サイオプスのほうが上位概念となっているわけだ。

軍隊に対する情報戦、民間に対する情報戦

サイオプスは軍事技術として発展してきた。その母胎が「情報戦」である。

軍事における情報戦は大きく分けて二つに大別できる。

ひとつは敵の軍隊に対する作戦、もうひとつは民間に対する作戦となる。そして昨今、注目を集めているのが民事作戦（Civil Affair Operations）で、これがサイオプスの母胎となっているのだ。

さて、情報戦とは攻撃情報優勢（Information Superiority）の確保、簡単にいえば相手には重要な情報を与えず、こちらは相手の重要な情報を奪うことにある。

そのため、戦争をしていないときでもスパイ衛星や情報収集用の偵察機や偵察艦などを使って敵の基地を調べたり、逆に自軍の情報が漏れないように基地に偽装工作をしたりといった活動はつねに行われている。

戦争となればもっと直接的な情報攻撃が行われる。まずは偽情報やプロパガンダの流布に始まり、指揮統制中枢や情報発信源の物理的な破壊、敵の重要インフラに対するコン

ピュータ・ウイルスの投入、ハッカーによる不法アクセスとソフトやデータの破壊、電磁パルスによる情報機器の破壊（電子線）など電子戦、心理戦、軍事的欺瞞《ぎまん》などさまざまな活動が軍隊によって展開される。

こうした敵への攻撃とは別に展開する情報戦が「民事作戦」で、その中心的なオペレーションは先に説明した軍事心理戦とほぼ同義語と思っていい。ようするに作戦エリアにおいて地元住民と友好的な関係を築くための作戦で、敵が活動するエリアでは逆に地元住民と対立するように仕向けるわけだ。

地元住民とも友好関係を築くには部隊自体の行動以上に、本国からの支援、たとえば経済援助などが重要となり、先に紹介した「国家心理戦」と重なってくる。

国家心理戦においては国家機関を総動員して民間企業に協力させながら以下のような作戦を行う。

①**政治宣伝**――いわゆるプロパガンダ工作。

②**軍事宣伝**――戦意作戦（MO、Morale Operations）と呼ばれる宣伝と、敵に降伏、逃亡、対上官犯罪などの利敵行為をさせる宣伝の2種類がある。

③**教育**――団結を阻害して士気を減退させるような、味方にとって有害なステレオタイプを解消することや、利敵行為を防止するための精神教育なども行う。

④**検閲**――政府の情報機関などによって新聞などの出版物や放送、映像、郵便などにおける表現や内容に対して強制的に関与する。

⑤**宣伝外交**（Propaganda diplomacy）――政府当局による国際世論の誘導。広報外交（Public diplomacy）ともいう。文化、教育、科学、技術、芸術、スポーツ、観光、親善などの分野における活動として行われる。

⑥**テロリズム**（Terrorism）――政府、国民世論、国際世論において継続的な恐怖によって誘導すること。破壊工作、暗殺、爆破、狙撃、放火、誘拐、虐殺、襲撃、宣伝などが挙げられる。

いわゆる「スパイ活動」、ＣＩＡ（アメリカ中央情報局）といった諜報機関がすべてを担っているわけではなく、スパイ活動はむしろ国家心理戦を計画・立案のための情報を提供するのが役割といっていい。国家心理戦の実務を担うのはごく普通の公務員であり、政治家であり、ビジネスマンなのだ。

そこで民事作戦である。戦後のアメリカは世界中で戦争を行い、アメリカが支配・管理するエリアは膨張し続けていた。直接的な軍事作戦より民事作戦のほうが次第に重要となってくる。この民事作戦を機能させていくには国家心理戦で活動中のあらゆる国家機関や企業との協力関係が不可欠で、そのためには軍の組織をいったん改組・改編して組み直す必要が出てきた。

もともとアメリカ軍の民事作戦はアメリカ陸軍予備役特殊作戦司令部（USARSOC）内の第1特殊作戦増強分遣隊（The 1st Special Operations Command Augmentation Detachment）が担当してきた。そこに1990年に現役の民事部隊と心理作戦部隊を統括する部隊を新設している。それがアメリカ陸軍民事活動および心理作戦司令部――USACAPOC（A）、United States Army Civil Affairs and Psychological Operations Command（Airborne）――で、その規模は約1万人。司令部はノース・カロライナ州フォート・ブラッグ基地にある。

こうして国家心理戦との共同作戦を展開できるようにしただけではない。さらに一歩推し進めて1994年ごろから軍の民事作戦部門の「USACAPOC（A）」を統括し、すべての心理戦にかかわるあらゆる機関を統合して有機的に結びつけた「ヘッドクォーター」を設立する機運が高まる。そうして1998年ごろにアメリカ型のサイオプス・システムがついに誕生する。

ヘッドクォーターはアメリカ国務省であった。

アメリカに「外務省」がない理由

アメリカには「外務省」がない。

正確にいうならば外務、外交（フォーリンアフェア）とつく名前の省がないのだ。

アメリカ政府において外務を相当するのは「国務省（United States Department of State）」だ。日本の感覚でいえば「内務省」に相当する国政を司《つかさど》る部署に思えるだろう。

それが外交を扱っているのには理由がある。

アメリカにとって「外交」とは国益の確保、ようするに外国からカネや権益を分捕って国内で分配する国内政治と考えているからなのだ。

少なくとも外務省や外交省というのには文化や人種の違う、ときには価値観を共有できない国家と「つきあう」という意味が含まれている。法体制や価値観が違うのだから自国では違法な行為も、その国では合法となる。そうしたズレを前提にするから「外務」なのだ。それを国務とすれば、法体制が違うのは「相手国が間違っている」「わが国（アメリカ）と同じ法にせよ」となる。そんな要求を平然とする傲慢さがアメリカの問題点であり、ここにアメリカの歪みがあるのだ。

私は長年、ＣＩＡやアメリカ軍の問題を多く取り上げてきた。アメリカの問題は、これらの巨大な組織が歪み、一部の権力者と結託して利益を貪っていることだと考えてきた。しかし、多くの関係者を取材するなかで、ＣＩＡや国防総省（ペンタゴン）の人間から話を聞いているうちに、アメリカ最大の問題は国務省にあると考えるようになった。

世界中に軍隊を派遣して戦争をしている「国防総省」もそうだが、アメリカの正常化は省の名前から始めたほうがいいだろう。

もう少し国務省の問題に触れておきたい。

外交では「勝ちっぱなし」はよくないのだ。そういうと驚く人もいるだろう。だが、少し考えれば理解できる。

外交で最もやっかいなのは歴史的・民族的な背景からお互いが譲れずにこじれてしまった案件であろう。かつては戦争で処理したが、今日《こんにち》では戦争をせずに話し合いで解決しようとする。とはいえ、互いに譲れない以上は話し合いは平行線となる。

それを解決する方法は、ほかの案件でできるかぎり譲ることなのだ。一方がいちゃもんや難癖をつけて譲歩を迫る。そして、それらの条件を受け入れる代わりに重要な案件についてはあきらめてもらうのだ。重要案件で譲った国も「ほかの分野で勝利を得た」ということで国内を説得できる。外交問題でムチャクチャな要求が登場するのもバーターの要素としてつくったアジェンダ（問題設定）であることが多いのだ。

そのときに難癖だからといって正論でつぶしていけば、相手国はメンツを失い、重要案件では一歩も譲らないどころか、それこそ戦火を交える覚悟で挑んでくる。結局、その重要案件が当事国にとってどれだけ優先すべきかを判断するのが「外交」なのである。

それだけではない。重要案件で勝つためにほかの案件で全面的に譲れば当然、国内の権益者は猛烈に反発する。

典型的な例が沖縄返還（1972年）であろう。この交渉でアメリカ政府は当時、日本の主力輸出産業であった紡績業に対してアメリカ国内の紡績・衣料メーカーを保護する名目で輸入の際に莫大な関税をかけると要求した。この条件を飲めば国内の紡績産業は大ダメージを受ける。紡績関係者は「糸（紡績）を売って縄（沖縄）を買うのか」と反対したが、当時の日本政府は沖縄返還を選んだ。政府はいかなる犠牲を払っても国土の回復を最優先事項と考えていたからであろう。

つまり国益にとって最優先すべき課題は何かを設定し、それ以外で何が譲れるのか、譲ったことで起こる国内の反発をいかに抑えるか。こうした処理を的確にするのがすぐれた「外交」となる。基本的には両者痛み分けで、お互いに不満を抱えるぐらいが結果的にはよかったりする。それが「外国」を相手にする外交なのである。

ところがアメリカは「国務省」の名が示すとおり、外交を「外国との交渉」と考えていない。ともかくアメリカの国益の最大化が目的となっている。軍事的威圧だけでなく、あらゆる手段を使ってアメリカの要求を飲ませようとする。

当然、相手国が反米感情を高めて反発するのは、これはこれでアメリカの国益に反する。そのさじ加減で判断していたのがアメリカの外交の実態だったといっていい。アメリカ外交の傲慢さは日本人ならば骨身にしみて知っているだろう。

しかし、アメリカは傲慢な外交方針を改めるどころか、もっと悪辣な方法でごり押しする手法をつくりだした。もうおわかりだろう。

それがサイオプスなのだ。

国務省が行う「2つのプロパガンダ工作」

国務省の行うサイオプスの典型が「プロパガンダ・メディア」の工作と、「エージェント・プロパガンダ」であろう。

プロパガンダ・メディアとは、アメリカ国務省の資金でアメリカのプロパガンダ・メディアをつくる、あるいは番組のスポンサーとなって中身を管理する工作をいう。

いま現在、国務省が日本に行っている工作が「反中親米」である。

そのために用意されたメディアが二つある。

ひとつが「大紀元《だいきげん》」であり、もうひとつが「レコードチャイナ」だ。大紀元はもともとカナダを根拠地にした外国在住の中国人向けメディア。スポンサーはいうまでもなくアメリカ国務省である。私自身が調査してその証拠を得ている。

英語名は「The Epoch TIME」で、中国の新興宗教「法輪功《ほうりんこう》」に対する中国共産党の弾圧、さらに信者を死刑にして臓器売買をしているというプロパガンダ情報は、この大紀元発のニュースだった。じつは法輪功そのものがアメリカ国務省の息のかかった工作機関という側面もあったのだ。

さて、この大紀元は中国国内で共産党の汚職や腐敗などの情報を積極的に海外へと配信する。2005年から日本語での配信が始まった。その日本側の受け皿としてつくられたのが「レコードチャイナ」。こちらも謎の資本（秘密となっている）によって中国の情報を日本のネットに配信する通信社として生まれた。つまり、大紀元が中国共産党のスキャンダルを扱えば、レコチャイは「信頼できる海外メディアによると」という前書きで大紀元のニュースを掲載して大手ポータルサイトに配信するわけだ。

いかにマッチポンプか、この記事を見てほしい。

2014年2月5日、米ラジオ局ボイス・オブ・アメリカ（VOA）中国語サイトがニューヨーク・タイムズの報道として伝えたところによると、米軍事情報大手IHSジェーンズは世界の国防予算に関する報告書で、中国の14年の国防支出は推定1480億ドル（約15兆円）、15年は推定1596億ドル（約16兆2000億円）に上ると指摘した。

報告書では、中国の国防支出は15年までに英国、フランス、ドイツを合わせた額を上回り、24年までには西欧諸国の合計額を上回ると指摘されている。

ニューヨーク・タイムズは記事の中で、中国の国防支出が大幅に増加すると見込まれることについて、「周辺諸国との領土問題が絶えないため」と分析している。（翻訳・編集／NY）

（http://www.recordchina.co.jp/group.php?groupid=82911&type=0）

ソースはアメリカ政府の外郭機関。それをニューヨーク・タイムズというアメリカのメディアが報じて、それをアメリカのプロパガンダ・メディアであるVOAの中国向けサイトが扱い、それを日本語で中国情報のサイトであるレコチャイが報じる。

要は「米軍事情報大手IHSジェーンズによれば」というひとことを複数のメディアがあいだにはめ込んで信憑性《しんぴょうせい》を高めようとしていることがわかるだろう。

それだけではない。このニュースは、「2ちゃんねる」という日本最大の掲示板に掲載され、それを読んだネットユーザーによっていろいろな書き込みがなされる。その書き込みをピックアップした「まとめサイト（コピペブログ）」が記事として扱う。この「まとめサイト」については拙著『崩壊するアメリカ　巻き込まれる日本』（ベストセラーズ刊）

にくわしく紹介した。興味のある人は読んでほしい。

そうして中国情報を扱う人気「まとめブログ」で「軍事大国化する中国をアメリカが危険視」といったタイトルの記事となる。その記事を読んだ人も当然、あれこれと中国の悪口を書く。するとレコチャイは中国のサイトにこの情報をアップする。「中国の軍事予算増大を見てパニックになった日本人の反応」というタイトルだ。中国人もその記事を見てあれこれ書き込む。大半は日本の悪口となる。

レコチャイはその書き込みをもとに「日本を軍事占領せよ！　核ミサイルで東京を焼け野原にしろ！　軍事費アップで調子に乗りまくる中国人たち」という記事をつくり、また「2ちゃんねる」に掲載する。

これを延々と繰り返すことで日中間の関係を悪化させ、両国民の感情を煽《あお》っていくのである。

誘導したい情報を複数のプロパガンダ・メディアを使うことでソースをロンダリング（洗浄）、つまり「曖昧」にすることで情報操作をしていくわけだ。複数のプロパガンダ・メディアがあれば相互で煽ったり、対立関係をつくったりといった工作が簡単になる。逆に「伝わってほしくない」情報はウソやでっちあげという工作で信憑性を失わせることもできる。

いずれにせよ、「大紀元」と「レコードチャイナ」はアメリカ国務省が典型的な手口として行う「プロパガンダ・メディア工作」なのである。

もうひとつ、国務省がよく使う手口が「エージェント・プロパガンダ」で、先のウクライナ騒動を例に簡単に説明しておこう。反政府デモ側だけでなく政府を支持するデモにもエージェントを送り込む。そうして反政府デモ側を攻撃し、本当に射殺したり大けがをさせたりするのだ。そして今度は政府側にいたエージェントが報復として政府支持派のデモをしている人を殺したり大けがをさせたりする。

もともと緊張が高まっているときだ。そこで双方のエージェントは「相手が先に撃ってきたぞ！　反撃しないとみな殺しにされる！」と大声で騒いで本当の殺し合いに発展させるというのがエージェント・プロパガンダなのである。

そうして先のプロパガンダ・メディアを使ってさらに両者の対立を煽り、そのうえで国際世論も国務省の求める方向へと誘導する。

まさに「悪魔の所業」といいたくなろう。

これがサイオプスに支配された世界のありさまなのである。

1991年から2000年まで続いたユーゴ内戦。あらゆるメディアでセルビア人の悪評が流され、人々の心象は偽装されていった。

第3章 戦争の裏側で暗躍するサイオプス

戦争のカギを握る「緩衝地帯国家」を操れ

第1次世界大戦前後から第2次世界大戦、その後の朝鮮戦争やベトナム戦争など次々とアメリカが引き起こした戦争のなかで磨きに磨いた「情報戦」という軍事技術を、今度は国務省管轄の国益確保に利用する。

だからこそサイオプスは国防総省から国務省にヘッドクォーター（司令部）を移したのである。

この悪辣なアイデアは、いったい誰が考えたのか。

私の読者なら、すぐにピンときたことだろう。

いつもの、おなじみの連中の名がここでも登場する。

――パパ・ブッシュ。

ジョージ・W・H・ブッシュ第41代アメリカ大統領である。

このサイオプスはパパ・ブッシュ政権時代の1990年に大統領命令で当時のジェームズ・ベーカー国務長官が中心となって湾岸戦争時代からプロジェクトがスタートし、19

９２年のボスニア紛争を経て、１９９４年にかけてシステムが生まれ、１９９８年ごろに完成した。

そのシステムを受け継いだのは、もはや説明するまでもなかろう。

１９９９年に第43代アメリカ大統領に就任したベイビー・ブッシュだ。２００１年の「９・11」においてサイオプスはその持てる能力をフル稼働させていくことになる。

ここに一冊の本がある。

なかなか興味深いタイトルがついている。

――『戦争広告代理店』（講談社《こうだんしゃ》、２００２年刊）。

著者は高木《たかぎ》徹《とおる》氏。本職は「ＮＨＫスペシャル」のディレクターで、２０００年10月に「民族浄化　ユーゴ・情報戦の内幕」というドキュメンタリーを放送し、そこで取材した内容を書籍にまとめたものだ。２００２年には講談社ノンフィクション賞と新潮《しんちょう》ドキュメント賞をダブル受賞しているように、非常にすぐれたノンフィクション作品となっている。

この著書のなかにはパパ・ブッシュがベーカー国務長官を通じて「サイオプス」のシステムをつくりあげていく過程が、意図しているのか、偶然なのか、かなり綿密に紹介されている。

その説明の前に、まずはユーゴ内戦について簡単に整理しておきたい。ユーゴ内戦を理解すべきなのは「情報戦」の基礎概念が深くかかわっているからだ。

軍事学の基本に「仲のいい隣国は存在しない」というセオリーがある。隣接し合う国家同士、なんら対立することがなければ、どこかの時点で統一した国家になるからである。大陸における国境線とは「文化」「宗教」「社会制度（イデオロギー）」「民族」といった絶対的な違いから生じる。相手国に占領されれば長年守ってきた文化や社会制度、宗教を奪われる。だから国境で明確に分断して違う国家を形成する。

対立といっても戦争するほどでない場合が大半だが、冗談抜きで戦争になりかねない「国境」も存在する。

そうした深刻な対立関係をはらんだ巨大勢力同士が隣接した場合は、国境に面して互いの軍隊がせめぎ合うことになる。そうなれば偶発的事件がきっかけとなって大きな戦争へと発展しないともかぎらなくなる。

それを回避するために、たいていは「緩衝地帯国家」が登場する。

米ソ冷戦時代ではその緩衝国家が「東ヨーロッパ諸国」、いわゆるワルシャワ軍事同盟国である。ヨーロッパにおける冷戦で西ヨーロッパのＮＡＴＯ（北大西洋条約機構）と直接相対するのは「ワルシャワ・パクト（軍事同盟）」であり、その両陣営の背後に西側の資本主義のボスであるアメリカ、東側の社会主義のボスである旧ソ連（ソビエト社会主義連邦）が控えるという構図になっていた。いわばアメリカとソ連が真っ正面からぶつかり合わないように配置されていたのだ。米ソはベーリング海峡で隣接しているが、アラスカとシベリアという僻地《へきち》ゆえに膨大な軍隊でにらみ合っていたわけではない。

ようするに、米ソが直接対決しないように東ヨーロッパはつくられたのだ。事実、ヤルタ会談でフランクリン・ルーズベルトがヨシフ・スターリンの要求を受け入れたのは、東ヨーロッパがなければ米ソの戦争が始まってしまう懸念があったからだろう。

さて、ユーゴである。「七つの国境、六つの共和国、五つの民族、四つの言語、三つの宗教、二つの文字、一つの国家」と称されてきたように、いろいろな人種や文化が入り交じっていたのは理由がある。

もともと、このエリアはイスラム圏とキリスト教圏がぶつかり合う歴史的な緩衝地帯なのだ。イスラム圏が勢力を伸ばせば飲み込まれ、逆にキリスト教圏が強くなれば組み込まれる。近世では神聖ローマ帝国の流れを汲《く》むハプスブルク家のオーストリア＝ハンガリー帝国とオスマン帝国に翻弄されてきた。各地域を隣接する強い国家が奪い合うといったことが繰り返されてきた結果、かえってオスマン帝国やハプスブルク家の影響を受けず（つまり、融合せず）、独自の文化や民族が各地域に色濃く残ることになった。

第2次世界大戦後にこのエリアは東ヨーロッパとして組み込まれた。ユーゴのある地域はイタリアと国境を接している。重要な軍事要衝なので共和国ごとにバラバラにするよりエリア全体でひとまとめにされた。だから「七つの国境、六つの共和国、五つの民族、四つの言語、三つの宗教、二つの文字、一つの国家」という状況になったのだ。

とはいえ冷戦下の最前線である。目の前に敵がいれば国内はとりあえずまとまる。民族や宗教、文化の対立はほとんど起こらなかった。

問題は1989年のベルリンの壁崩壊に始まる冷戦の終結である。

もともと東ヨーロッパはヨーロッパ圏で自由主義や資本主義と相性がいい。当然、すべての東ヨーロッパ諸国は西側へと雪崩を打った。

ちなみにウクライナの問題もここに端を発している。

東ヨーロッパが緩衝地帯でなくなればロシアは西側、正確にいえば親米国家と国境をじかに接することになる。だからこそロシアはソ連時代の領土を切り離して新しい緩衝地帯としてウクライナ、グルジア（現ジョージア）、ベラルーシ、南オセチアをわざと分離したのだ。

とくに重要な緩衝地帯であるウクライナが親米政権となってＮＡＴＯに加盟すればロシアの軍事的緊張は限界まで達してしまう。へたをすれば大きな戦争となりかねない。ロシアが国際世論の批判を覚悟で強硬な態度を崩さないのは、結果的に、そのほうが平和の維持に役立つと考えているからだろう。

戦後最悪だった「ユーゴ内戦」の舞台裏

ユーゴに話を戻す。ユーゴ内戦の裏事情もつけ加えておこう。

ユーゴ連邦の共和国「アルバニア」である。１９８０年代後半にこの地域で豊かな地下資源が見つかったのだ。そこでアルバニアを独立させてその資源を欧米の資源メジャーで管理しようとする計画が水面下で蠢《うごめ》いていた。その結果、ユーゴの強制的な解体プロジェクトが始まったのである。

ともあれ、米ソ冷戦が終結すれば最前線国家として人工的にひとまとめになっていたユーゴの解体は自然の流れとなる。そもそも一緒に連邦を形成する意味がないのだから、共和国ごとに分離独立することになる。

重要なのはスムーズに分離解体する道筋、ロードマップをつくること。ここでやっかいなのが連邦の国有財産である。また、連邦国家として45年以上経過していれば各民族も交じり合っている。ユーゴ最大の勢力であるセルビア人にすれば、自分たちの財産が各共和国に流れて自分たちが損をしていると考えやすい。こうした共有財産や移住者の帰還、その財産の保障といった事務手続きが必要となるわけで、本来ならば国連などの国際機関があいだに入って調整すればよかったのだ。

実際に連邦時代から独立色の強かったスロベニアが強引に独立宣言をしたとき（1991年）、ユーゴ政府はあっさりそれを認めている（十日間戦争）。

基本的には財産分与のめどとなのだから、折り合いがつけば分離独立はそれほど難しい話ではない。1991年にはセルビアと歴史的に対立していたクロアチアが独立宣言をして内戦状態となったが、当初は国際社会がそれほど関心を寄せなかったのは、分離独立過程の小競り合いや財産分与をめぐる諍《いさか》い程度と考えていたからなのだ。

周知のとおり、このユーゴ内戦は第2次世界大戦後では最悪の内戦へと発展する。

そのきっかけをつくったのが1992年にクロアチアの独立騒動に乗じて分離独立を宣

言した「ボスニア・ヘルツェゴビナ」だった。

このボスニア・ヘルツェゴビナの独立は正直、かなり悪質だった。ボスニアはイスラムであるムスリム人が4割強も住んでいるエリアで、残りの3割強はセルビア人、残り2割弱がクロアチア人という構成だった。政治的・経済的な権益を持っていたセルビア人を追い出してムスリム人によるイスラム国家の成立を宣言したのだ。これでセルビアと戦争にならないはずはあるまい。

繰り返すが、ボスニア・ヘルツェゴビナがイスラム国家として独立するならば3割強のセルビア人、2割弱のクロアチア人の移住や財産の保障といった法的な手続きの交渉をする必要があった。それをしなければ、セルビア側の武力攻撃は正当化されてしまうのだ。

ところが、ボスニア側はセルビア側の要求を突っぱねた。

ボスニア・ヘルツェゴビナの独立戦争が起こったときに国際社会がボスニア側に冷淡だったのは、ある意味で当然のことであろう。非はボスニア側にあったのだ。国連などの国際機関に主張すれば、独立は容認されたとしても、正規の手続きをしてセルビア人やクロアチア人の財産の返還手続きをするように求められるだけで、それを拒否している以上はボスニアがセルビアの攻撃にさらされたとしても、ひどい言い方だが自業自得であったのだ。

ユーゴで暗躍した「戦争広告代理店」

さて、「戦争広告代理店」はボスニア・ヘルツェゴビナのハリス・シライジッチ外務大臣がニューヨークの国連会議場でまったく相手にされず、途方に暮れたところから始まる。

そのシライジッチに手を差し伸べたのがパパ・ブッシュ政権で国務長官をしていたベーカーだった。ベーカーはパパ・ブッシュの選対事務長として圧倒的有利とされたマイケル・デュカキス候補（マサチューセッツ州知事）をネガティブ・キャンペーンで追い落とした実績で国務長官に抜擢《ばってき》され、その後はベイビー・ブッシュの選対本部の重鎮としてアル・ゴアとの「不正選挙」もしかけるなど、世論誘導のスペシャリストといっていい。

1992年4月14日にシライジッチと会談したベーカーは回想録でこう述べている。

「私はタトワイラー報道官を通じてシライジッチ外務大臣に西側の主要なメディアを使って欧米の世論を味方につけることが重要だと強調した」

そうして腹心のマーガレット・タトワイラー報道官を紹介し、タトワイラーはシライジッチにPR会社に協力を求めるようにアドバイスを送る。

シライジッチは国際政治の案件を扱う屈指のPR企業だった「ルーダー・フィン」において超スゴ腕と評判のジム・ハーフから全面的な協力を得ることに成功する。それが本のタイトルとなった「戦争広告代理店」だ。正確にいえばPR（パブリック・リレーション）、広報宣伝といったほうが近いだろう。

筆者の高木氏が意図的に書いたのかどうかは定かではないが、じつに興味深い記述が2点あった。

ひとつは以下の記述である。

〈海外の政府や企業と契約するPR企業は、その契約内容を司法省に報告することが法律で義務づけられている〉（『戦争広告代理店』199ページ）

実際にハーフは何度もボスニア・ヘルツェゴビナのPR業務をこと細かにレポートにして提出したと同書で述べられている。

もうひとつは、この案件でボスニア政府がルーダー・フィン社に支払った金額はわずか9万ドルにすぎなかったというハーフの証言であろう。あとで紹介していくが、ボスニアの案件でハーフは少なく見積もっても数億円以上の経費をかけてメディア工作を展開していた。その一切合切《いっさいがっさい》がルーダー・フィン社の「持ち出し」だったと述べているのだ。

ボスニア政府との契約期間は1992年5月から翌1993年1月までの9カ月間。厳密にいえば次の大統領となったビル・クリントン政権になる前までといっていい。うがった見方をせずとも、この案件がパパ・ブッシュ政権下の国務省マターの経費で処理されていたのは間違いあるまい。

周知のとおり、ボスニア・ヘルツェゴビナの独立紛争は当初の絶望的に不利な状況から突如、国際世論を味方につけて大勝利を収める。セルビア人から奪い取った財産の返還どころか、さらに賠償金までせしめたのである。

こうした結果を受けてセルビア人はクロアチアとの和解を拒絶して常軌を逸した非道な行為を繰り返し、当初は考えられないほど戦争が長引いて被害は拡大した。さらに1996年のコソボ、2001年のマケドニアに対しても頑《かたく》なに独立を許さずに攻撃を続けた。だからこそユーゴ内戦は悲惨な戦争になったのだ。

その原因となったのがボスニア・ヘルツェゴビナの独立紛争の敗北であった。国際常識に照らし合わせても、セルビア人に理のあった争いがアメリカのPR戦術によってあっという間に「ナチス」同様の悪役に仕立てられて国際的に孤立し、国際会議の場でさらしものとなったあげく、屈辱的な和平条約に調印させられてしまったのだ。

セルビア人の多くがこの世界で正義が通用しないと思い込んだとしても不思議はない。非道なことをしていないのに、非道なことをしていると糾弾されたのだ。ならば非道なことをしたところで同じとなる。ようするにモラルハザードが起こったのだ。

敗北確定からの大逆転劇はいかに生まれたのか。『戦争広告代理店』をひもといていこう。その手口から「サイオプス」の実体が浮き彫りになってくるはずだ。

ボスニア・ヘルツェゴビナ発「戦争報道」のカラクリ

国際社会において絶望的に不利な状況にいるボスニア・ヘルツェゴビナの独立紛争を国際社会で認めさせ、セルビア勢力を追いつめて譲歩させる。

これが辣腕ＰＲマンであるハーフがボスニア・ヘルツェゴビナ政府ではなく「アメリカ国務省」から請け負ったミッションであった。

そこでハーフはアラン・ドロンに似たロマンスグレーのシライジッチのルックスに注目し、彼をスポークスマンとしてメディアに露出させていく。

その手口がじつに徹底している。

ユダヤ人でユダヤ系メディアに強力なコネクションを持っていたハーフは、影響力のある大手メディアにシライジッチのインタビューをセッティングする。

ABC、CNNの2大ニュースネットワーク、ワシントン・ポスト、ニューヨーク・タイムズ、ウォール・ストリート・ジャーナル、イギリスのフィナンシャル・タイムズ、そしてニューズウィークが、その後、ボスニア紛争の情報を積極的に取り上げるようになる。

ハーフは取材のときの「心得」をシライジッチにこう言い聞かせている。

〈バルカン紛争の歴史や経緯に踏み込むのは最悪の選択でした。これまでどういういきさつがあったのか、そんな話には誰も耳を貸しません。とくにアメリカのメディアでそういう話をすれば視聴者はすぐに退屈してしまうのです〉（同前93ページ）

では、何を話すのか。

〈重要なのは今日サラエボで何が起きているか、それだけです。それに絞って話をしてください〉（同前95ページ）

質問を受けた際にシライジッチは長い時間沈黙して、いいよどみながら振り絞るように訴えた。もちろん演出だったとシライジッチは高木徹氏の取材に答えている。

この結果、どうなったのか。

このとき、アメリカにはボスニア・ヘルツェゴビナの場所や、どんな国なのか、なぜ紛争になっているのかを知っている視聴者は多くなかったはずだ。そのボスニアからアラン・ドロンに似た壮年でハンサムな外務大臣がやってきて、テレビモニターの前で声をつまらせながら振り絞るように切々と訴えるのだ。

「今日、サラエボでひとりの少女が悪辣なセルビア人によって殺されました。スケートでオリンピックに出るのが夢だった10歳の少女が手足を吹き飛ばされて亡くなったのです」

「サラエボは今日、雨が降っています。セルビアの悪魔どもが爆弾と銃弾の雨を降らせたあと、サラエボはいま、国民の悲しみの涙のように雨が降っているのです」

そこにボスニア・ヘルツェゴビナの首都サラエボでの戦闘シーンの映像がカットインする。子ども失って泣き叫ぶ親、破壊された美しい街並み。サラエボは１９８４年に冬季オリンピックの開催地となっただけに、アメリカ人にもなじみが深い。

こんなニュースをテレビをつけるたびにやっていたらどうなるのか。良心的で心やさしい市民ほど、「ボスニアの善良なムスリム人を悪辣なセルビア人の魔の手から助けてあげたい。アメリカはボスニアのために何かできることはないのか」と考えるはずだ。

ここで注目すべきは、ハーフが意図したテーマをわかりやすく、短い内容で、しつこいぐらいに繰り返しているという点だ。

悲惨な戦争になれば、それがどうして起こったのか、何が問題だったのか、どうすればいいのか、そうした視点でニュースがつくられると考えるし、本来はそうあるべきだろう。ところが真実を伝えて理解するという「まともな」方法は、サイオプスや世論誘導ではまったく無意味なのだ。

アメリカ人の好きそうなロマンスグレーの外務大臣が無辜《むこ》の市民が悪辣な連中に無残に殺されているショッキングなニュースを語る。そこで伝わるメッセージは「ボスニアを助けろ」「セルビアを許すな」であり、繰り返しニュースを見ることで人は無意識のうちに、そう刷り込まれていく。

「ニュースステーション」で使われた心理戦術

余談となるが、「ニュースステーション」（テレビ朝日系）のキャスターだった久米《くめ》宏《ひろし》氏がこんなことを話していた。

アナウンサー出身の久米氏は局アナ時代はバラエティ番組の司会が中心で、ジャーナリストとしての素養はなかった。そのためニュース番組のキャスターに抜擢されながら、事件やニュースのコメントができなかった。そこで久米氏は「態度」、つまりしぐさによって視聴者にメッセージを伝えるようにしたという。

たとえば不愉快な政治家のスキャンダルがあったとしよう。久米氏は怒りを込めた口調でニュースを読んだり、手厳しいコメントをしたりすることはなかった（できなかったのだ）。淡々とニュースを読み、その後、持っているペンで机を何度も不愉快そうに叩き、フーッとため息をつく。

もっと不愉快な事件では台本（ペーパー）をトントンとそろえながら、ひとことだけ短く感想を述べる。話題を切り替えるときはアシスタントの女性キャスターにわざとニックネームで語りかけるといった具合に、非常にこと細かに「しぐさ」を繰り返した。「このしぐさには、どんなメッセージが込められているのか」を視聴者に知らず知らずのうちに覚えさせて1時間ちょっとのニュース番組をコントロールしていた。

久米氏本人は最後まで事件やスキャンダルの背景に関心はなかったという。ただ渡されたニュース記事が書かれたペーパーや映像から、「これはひどい事件だ」「許せない事件だ」というディレクターの意図を汲んで、それを「しぐさ」にしていただけだった。

普段は冷静でにこやかなキャスターが、そのニュースを読んだあとに不愉快そうにペンで机を何度も叩く。

気のきいたわかりやすい解説やコメントより、はるかに視聴者に「特定のメッセージ」が伝わる。伝えるメッセンジャーはそのメッセージを理解する必要はない。ただメッセージを伝える「技術」があればいいのだ。「ニュースステーション」の成功は、その現実を見事に証明している。

もうおわかりだろう。ハーフがシライジッチに教えたのは、メディアにおけるメッセージの伝え方の、その純粋なテクニックだったのである。

「民族純化」のイメージをつくりだす戦略

ハーフがPRマンとしてスゴ腕だったのは、こんなネタからもうかがえる。「ボスニア・ヘルツェゴビナ」のニュース記事の掲載にある条件をつけた。

なんと下3分の2に「水着」もしくは「下着」の広告記事をセットにしたのだ。

もちろん下着のモデルはグラマーな若い女性だ。まあ、新聞をペラペラめくっていれば健全な男性読者ならば、まず手が止まる。そこの上の段に「ボスニアでまた10人が殺害」といったボスニア情勢を伝える記事があるのだ。それを読む可能性は普通に掲載するより断然高まる。

タイミングよく、いつも水着や下着の広告があるわけではない。当然、そうした広告出稿の費用もハーフが所属するルーダー・フィン社が立て替えていたはずだ。

こうしてハーフはファースト・ステップ「第1段階」としてアメリカの世論の喚起に成功した。ボスニア情勢に無関心だったアメリカ市民に「ボスニアで悲惨な戦争があり、それでムスリム人が苦しんでいる」というコンセンサスをつくりあげたわけだ。

次のステップ「第2段階」となるのが「悪魔のセルビア人」という印象操作となる。

セクシーな女性の広告とセットにされた戦争報道

そこでハーフが求めたのが、「バズワード（BUZZWORD）」である。

バズワードという単語は日本人にはなじみは薄いだろう。「バズ」とは蜂がブンブン飛ぶ音の擬音で、メディアで頻繁に飛び交う人気のフレーズという意味となる。欧米のメディア用語で、日本でいえば「流行語大賞」となるようなキャッチ（惹句《じゃっく》）といったところだろう。

ブレーンから提案されたバズワードが、そう、ボスニア・ヘルツェゴビナの独立紛争の代名詞となった「民族浄化」なのである。

民族浄化は英語でエスニック・クレンジングという。ある特定の民族をクレンジング剤を使ったように消し去ってしまうという印象が持たれている。

その印象を強めるために「ボスニア・ヘルツェゴビナではセルビア人兵士が民族浄化を掲げてボスニア人女性をレイプし、セルビア人の子どもを産ませようとしている。さらに生まれたばかりの乳児を殺している」と、あらゆるメディアで「民族浄化」というフレーズとともにいっせいに報じたのだ。

理由は簡単だ。その言葉にインパクトがあったこと。そして、もうひとつ、このフレーズが最初に登場したのは、国務省のメディアミーティングの席上だったからである。

ここで読者に知っておいてほしいのは、内戦終結後の調査で「民族浄化だ」と報じられていた時期にこうした戦争犯罪はなかったという「事実」である。むしろ本格的な民族浄化による戦争犯罪が始まるのは、このフレーズでセルビアが糾弾され、セルビア勢力が「暴発」したあとなのである。

そもそも民族浄化という言葉は、セルビア人ではなくクロアチア人が使っていた政治用語だった。第2次世界大戦中にクロアチアはナチスと結託してセルビア人を大量虐殺している。そのときの政治スローガンが民族浄化で、正確にいうならば「民族純化」である。純化は「プリファイイング（Purifying）」のこと。クロアチア内のセルビア人を追放もしくは殺害してクロアチア人の純度を高めようという典型的なナチズムの優生思想なのだ。

当初は歴史的な背景から「民族純化」をバズワードに設定しようとしたが、それを取りやめたのにはいくつか理由がある。

ひとつは、「民族純化」も許されない行為だが、殺害や追放を除けば民族主義としては賛同を得やすい思想という点。もうひとつは「純化」を求める以上は混血児を産ませようというレイプは起こらないという点だ。ムスリムの女性に混血児を産ませてムスリムの血を絶やす「悪辣なセルビア人」を強調する以上は「民族純化」では矛盾が出てくるのだ。

また、「純化」というフレーズでは「ジェノサイド（虐殺）感が足りない」というのも却下の理由となる。クレンジングのほうが台所の「汚れ」を落とすように特定の民族を消し去る印象が強いと判断したのだ。こうしてハーフのチームはこれまで存在しなかった「エスニック・クレンジング」という用語を生み出したわけだ。

「セルビア＝ナチスの再来」という印象操作

あえて「民族浄化」というバズワードをつくったのは、アメリカ人になじみの少ない「ボスニア・ヘルツェゴビナ」の戦争を印象づける効果だけではなかった。ホロコーストという単語の使用を避けるためだったとハーフは何度も高木氏の取材で答えている。

ホロコースト（民族虐殺）はユダヤ人にとって重要なアイデンティティとなっており、安易に使用するとユダヤ人からの反発を招いてしまう。先にも説明したが、紛争が始まった直後の1992年の段階で「民族浄化」はでっちあげられたウソだった。もちろん戦場のことである。セルビア人兵士によるムスリム人女性へのレイプは現実にあったことだろう。だが、それを軍の命令として実行させたわけではない。あくまでも一兵士による戦争犯罪であり、戦後に軍事法廷で裁かれる案件だった。

その程度の「事件」でホロコーストを使えば当然、メディアに強い影響力を持っているユダヤ人ネットワークはこのプロジェクトから離脱する。自身もユダヤ人であるハーフはその点をよく理解していたと高木氏も語っている。

とはいえ、民族浄化が「ホロコースト」をイメージづける用語であったのは間違いなく、さらに無辜のムスリム人女性を暴行してセルビア人の血でムスリム人をクレンジングしようとしているという情報は、善良なアメリカ市民を爆発させるには十分だった。

この「民族浄化」というバズワードによって「第2段階」は終了する。

悪辣なセルビア人が「民族浄化」を掲げて無辜のムスリム人を虐殺しているのが「ボスニア・ヘルツェゴビナの独立紛争」だという構図を、アメリカ市民に植えつけることに成功したからだ。

そして「第3段階」へと進む。

アメリカ政府による介入である。

そのためにはアメリカ政府による軍事的・経済的な威圧によって「ボスニア・ヘルツェゴビナ」を悪辣なセルビア人勢力から「解放」してほしいという国際世論を形成する必要

がある。

その最後の仕上げとしてハーフがしかけた「ＰＲ（宣伝）」が「強制収容所（Concentration Camp）」であった。セルビア人勢力はムスリム人を「強制収容所に入れて拷問し、虐殺している」と突如、欧米メディアが報じ始めたのだ。

いまさら説明するまでもないが、これも「事実」ではない。ただし真っ赤なウソというわけでもなかった。ここがじつに巧妙なのだ。

セルビア勢力とボスニアは戦争をしている。ユーゴ国軍の主力を押さえているセルビア人勢力が圧倒的に優勢でボスニアを圧迫していた。ボスニアの地域で戦闘をしているのだ。当然、セルビアの軍隊はムスリム人兵士を捕虜にしてムスリム人の難民を保護することになる。戦争中なので兵士は捕虜収容所に、難民は難民キャンプに入れる。国際法上は別に問題のある行動ではない。

その捕虜収容所や難民キャンプをわざと「強制収容所」と呼んだのだ。捕虜や難民を収容所に入れることは彼らの意思ではなく、また自由な行動も許されない以上はセルビア人によって「強制」されたといえなくもない。その意味ですべての捕虜収容所は「強制収容所」なのだ。収容所にはもともと強制のニュアンスが込められている。

また、収容所では死亡率が高いのも事実となる。日本でも避難所生活で亡くなる人は決して少なくない。慣れない環境、深い絶望感、捕虜ならば戦闘でのケガや病気などで死亡リスクは高まるものなのだ。そうして亡くなった人がいた、だから「死の収容所だ」と主張したのだ。

間違いではないが、事実ではない。詭弁《きべん》の類いであろう。

詭弁だろうが、大げさな表現であろうが、欧米人にとって「強制収容所」には特別な意味がある。

そう、ナチスによるユダヤ人のホロコーストの「現場」という意味だ。アウシュビッツと同義語なのである。

『戦争広告代理店』には最初に「強制収容所」をスクープした「ニューズウィーク」の記者のインタビューが掲載されている。「ニューズウィーク」はハーフがプロジェクトを開始して以来、毎号のようにボスニア情勢の特集を組んでいたボスニア側のプロパガンダ・メディアだったと高木氏はつけ加えている。

〈言葉の使い方だって？　たとえ私の使った言葉が、ナチスがしたことと少しばかり違うことをさしていたとしても、その言葉を使うよりほかなかった。私だってそういう言葉は

嫌いだよ。でも、他に適切な言葉を思いつかなかったんだ〉（同前234ページ）

思いつかなければ「捕虜収容所」と書けばいいだけのことだが、「その言葉を使うよりほかはなかった」という発言は意味深長だろう。誰かに「使うように」命じられたというニュアンスが漂っている。

現実問題としてセルビアにナチス的な「強制収容所」は存在しなかった。しかし、セルビアがナチスのような「強制収容所」をつくっていたという印象は、アメリカはもとより国際世論の「常識」となっていった。

たった一枚の写真がその印象を決定づけた。

タイトルは「やせた男」。取材したのはイギリス郊外の小さな町で地方版の担当をしていた、まったく無名の女性記者だ。その彼女がセルビアで自由自在に取材をし、ある収容所で上半身裸のやせこけた男の映像を撮影した。

もともと牧場だったらしく、周囲に有刺鉄線が張りめぐらされていた。そのなかであばら骨を浮かせた男という構図は、まさに人々がイメージしていた「強制収容所」そのものだった。

この一枚の写真は何度も何度も欧米メディアに登場し、「民族浄化」「強制収容所」というフレーズとともに「ヤルビア＝ナチスの再来」というイメージを決定づけていった。

印象を決定づけた「一枚の写真」

一枚の写真による「印象操作」は軍事心理戦の常套《じょうとう》手段といっていい。

たとえば日中戦争（1937年）のときに日本の中国進出を快く思っていなかった欧米諸国は、日本の非道さを訴えるプロパガンダを展開した。

「強制収容所」をイメージさせた「一枚の写真」

そこで登場するのが重慶《じゅうけい》爆撃の直後にがれきのなかでひとりで泣き叫ぶ乳児の写真だった。この写真が全世界に出回って繰り返し報じられることで、「日本」のイメージは地に落ちた。

同様に湾岸戦争ではサダム・フセインの悪質さを印象づけようと、海鳥が油まみれになった写真が「一枚の写真」となった。

ボスニア・ヘルツェゴビナでは、この「やせた男」がこの戦争のイメージを決定づける「一枚の写真」となった。この写真は必ずしも「真実」を映していたわけではない。有刺鉄線はもともと牧場用のものであり、捕虜を閉じ込めるものではなかった。男がやせこけていたのは看守による暴行や拷問によるものとはかぎらない。戦闘によるケガや病気が原因だったかもしれない。実際に取材班はこの人物を遠くから撮影しただけなのだ。

それでも「強制収容所」というフレーズとの相性は最高だった。この写真を見れば欧米人にとって悪夢というべきアウシュビッツを思い出し、その悪夢が現実によみがえったと「恐怖」したことだろう。

セルビア政権は「ナチスの再来」。この一枚の写真でセルビアはヨーロッパ社会では最悪の印象を持たれることになる。

ナチスの再来となれば、ヨーロッパ社会は一致団結してそれを防がなくてはならなくなる。まずはセルビア政権に対してアメリカを中心としたヨーロッパ諸国は政治的・経済的な圧力をかけ、それを無視すれば最終的に軍事介入する。その方針がこの「一枚の写真」の登場によって確定した。

この写真の持っている意味の大きさが理解できるだろう。

実際にボスニア・ヘルツェゴビナの独立紛争が終結したのは1995年11月となるが、戦争の趨勢《すうせい》自体はこの写真が登場した時点で決まっていたといっていい。

ボスニア・ヘルツェゴビナのシライジッチ外務大臣がニューヨークの国連で途方に暮れていたのが1992年4月2日のこと。同年5月に国務省の推薦を受けて国際政治専門のPRマンのハーフと契約した。

それから戦争の趨勢を決定づける「一枚の写真」が登場するまでわずか3カ月だった。1992年8月にハーフは絶望的に不利な状況だったボスニア・ヘルツェゴビナの勝利を確定してしまったのだ。

アメリカの持つサイオプスのすさまじさがどれほどのものか理解できよう。

アメリカのPR会社の暗躍

ハーフが弁護士ならば、有罪確実な殺人犯を無罪放免にしただけでなく、殺人犯として扱った警察から莫大な損害賠償を分捕ったぐらいの「活躍」といえるだろう。

これほどスゴ腕の弁護士に依頼するのは果たして「正義」の人だろうか。自分が正しいと信じている人は高額な弁護費用を支払ってまで依頼はしまい。

顧客の大半は間違いなく「悪人」なのだ。悪いことをして捕まったから、それをなんとかしてくれ、助けてくれと高いカネを支払うのだ。

先にも書いたが、ボスニア政権はハーフの所属するPR会社ルーダー・フィン社に9万ドル、日本円にして1000万円しか支払っていないという。

しかし、宣伝効果は抜群だった。ハーフはこのボスニアのPR戦術で1993年度に全米PR協会が主催するシルヴァー・アンビル賞を受賞し、全米ナンバーワンのPRマンという評価を受けた。その後、ハーフのもとにはさまざまな政府関係者や企業からオファーが殺到した。もちろんアメリカのPR会社のすさまじさを目の当たりにしただけに、「何かあればアメリカのPR会社に依頼する」というのは常識となった。

そこで思い出してほしい。

アメリカのPR会社は外国政府と契約した場合、その情報を司法省に提出するという法律があるのだ。外国企業に関しても情報提供している可能性は否定できまい。

何か大きなトラブルやスキャンダルを抱えているからPR会社に依頼するのだ。絶対に隠したい内実は当然、アメリカ司法省を通じて国務省へと流れていく。外交を担当する国務省とすれば、わざわざ自分たちの「弱み」を高額のカネを払って教えてくれるのだ。その情報はアメリカの国益の最大化のために徹底的に利用できる。じつに便利な外交ツールとなっているのだ。だからこそ、一見、アメリカの国益とは無関係なボスニア案件をアメリカ国務省は極秘予算を使って利用したのだろう。

実際に先進国を中心にアメリカのPR会社に依頼するケースで最も多いのは選挙対策といわれている。日本の自民党なども利用していることがわかっている。アメリカのPR企業には選挙のスペシャリストが多いのだ。ベーカー自身が選挙戦のスペシャリストで圧倒的有利だったデュカキス候補をネガティブ・キャンペーンで一気につぶしてパパ・ブッシュを大統領の座につけた強者《つわもの》であった。

ちなみに、その手法は死刑反対を主張するデュカキスを印象づけるために極悪な犯罪者が次々と刑務所に入っていくものの、そのまま回転ドアで外（シャバ）に出てくるという内容のCMを繰り返し、しつこいほど放映した。これを見てアメリカの有権者は「デュカキスNO！」を突きつけて消去法的にパパ・ブッシュを受け入れた。パパ・ブッシュを支持したのではなく、デュカキスが大統領になるのを拒絶したのだ。

ベーカーの作戦の巧妙さは、最初からブッシュ支持を増やすことをあきらめてネガティブ・キャンペーンに絞った点であろう。そこが辣腕と呼ばれるゆえんなのだ。

そういえば、私は「フォーブス」時代にベーカーのパーティに呼ばれたことがあった。向こうとしては「対日工作」で使える駒と思って誘ってくれたのだろう。しかし、私はベーカーに対日戦略の間違いを指摘した。いやそうな顔を向けられ、以後、二度と誘われることはなかった。「あいつは使えない」と切り捨てられたわけだ。

さて、選挙対策を依頼した場合にPR会社が不正な選挙法違反をしたとしよう。しかも巧妙なバレない工作である。その結果、政治家は無事に当選する。

その情報は「アメリカ司法省」に筒抜けとなる。

実際にアメリカのPR会社は不祥事を引き起こした企業のイメージを回復するための宣伝も担当する。イメージの回復には不祥事の実態を知る必要があり、当然、企業の「弱み」を握る。選挙対策を担当した政治家への献金も要求できる。違法スレスレの行為で、発覚すれば政治家は大きなダメージを受ける。

アメリカ国務省はそうしたアメリカの「駒」となる政治家を各国の政界に持っている。というより、そのためにアメリカのPR会社の素晴らしさをアピールし、世界中の政治家が利用するように仕向けてきたのだ。

アメリカのPR会社がサイオプスの中核組織として取り込まれ、全体のシステムが再構築されていったことがうかがえよう。そのためにボスニア・ヘルツェゴビナの「逆転大勝利」は絶対に不可欠だったのだ。

じつはアメリカのPR会社を世界中の大企業や政治家に利用させるための最初のプランは「湾岸戦争」だった。1989年に政権の座についたパパ・ブッシュと、そのパパ・ブッシュを巧妙な選挙戦術で当選に導いたベーカー国務長官は、1990年にイラクによるクウェート侵攻で始まった湾岸戦争でもPR会社による「軍事心理戦」を展開した。

覚えている人もいるだろうが、そのときにイラクの非道さをアピールするために15歳のクウェート人少女がアメリカ下院議会の公聴会に呼ばれた。

そこで少女は「病院に乱入してきたイラク兵が、生まれたばかりの赤ちゃんを床に投げ捨てて殺した」と証言した。当然、この証言にアメリカ市民は激怒して世論は沸騰し、すぐさまベーカー国務長官の主導で多国籍軍を結成して湾岸戦争へと突入した。

ところが、である。戦争直後にこのクウェート人少女はアメリカの在クウェート大使館員の娘だったことが発覚した。国務省の依頼を受けて「湾岸戦争」の世論づくりを請け負っていた「ヒル&ノートン」社の「演出」だったことが判明し、あまりのお粗木さにアメリカのPR会社の評判は地に落ちてしまった。

そのPR会社のイメージ回復役として抜擢されたのがルーダー・フィン社のハーフであり、アメリカ国務省はその持てる力を駆使して協力したことだろう。

その目論見《もくろみ》は見事に成功した。

それどころか、ボスニア・ヘルツェゴビナの独立紛争自体が最初から国務省のしかけた謀略だったとしても、なんら不思議はないぐらいなのだ。

なぜアメリカはユーゴで戦争を起こしたのか

米ソ冷戦が終結した直後の1991年にかけて湾岸戦争、翌1992年のボスニア紛争と大きな戦争が続いたのは決して偶然ではない。

パパ・ブッシュ政権による「兵器の一斉処分」というのが実態なのである。

通常は戦争中に兵器はほとんど製造されないし、売れることもない。本当の戦争が起こった場合は軍事予算の大半が食糧、衣料、燃料といった「消耗品」と、兵士や軍属の給料、医療保障や遺族年金といった「人件費」に集中するからである。戦争というのは手元にある兵器を使い切ったら、とりあえず終わるものなのだ。

兵器が売れる状況とは緊張関係が高まっているときだ。その典型的な例が「冷戦」である。冷戦時には西側と東側が最新の兵器をこれでもかとそろえて相手を威圧する。相手に「勝てそうにない」と思わせて戦争を避けるというのが基本戦術となる。だから兵器はつくればつくるほど売れることになる。

冷戦が終われば当然、こうした「威圧用」の兵器需要はなくなる。それ以前に過剰なほど兵器が余っている。

アメリカ軍の場合は１９８０年代にかけてミサイル関連を大量生産してきた。ミサイルやロケットには耐用期限がある。だいたい10年で燃料やセンサー類が劣化し、きちんとした性能を発揮できなくなる。自衛隊が行う実弾演習はそうした耐用期限の切れかかった古いミサイル類の処分として行われている。

ところがアメリカの場合、冷戦下にムチャクチャな予算をつけて大量のミサイルを製造していた。そのミサイルを耐用期限切れで破棄すれば今後、ミサイル関連の軍事予算は大幅に削減される。ちゃんと使用して使い切る必要があったのだ。

そこで湾岸戦争である。

湾岸戦争では大量の巡航ミサイル、対地ミサイル、対戦車ミサイルがイラク国土とイラク軍に雨あられのごとく降り注いだ。そのため戦争自体はあっけなく終結。イラク軍を叩きのめした程度では、とうていアメリカ軍が保有する膨大なミサイルの在庫処分にはならない。

そこで、さらなる「戦争」としてターゲットになったのがユーゴの内戦なのだ。

前章でも述べたが、ユーゴの連邦解体や共和国の分離独立はユーゴ国民も半ば受け入れていた。文化、言語、宗教、風俗、民族がそれぞれ違うのだ。もともと別々の国を無理やりひとまとめにしていた以上は分離独立したいという集団を引きとめることはできない。あとはユーゴ全体で納得できる分離独立のルールがあれば混乱は最小限にとどまる。多少の小競り合いはあるにせよ、コンセンサスさえできれば解決するのはそれほど難しい話ではなかった。

ちゃんと国際社会が対処すればユーゴ内戦は尻すぼみになる。この当時はセルビアとクロアチアのあいだでも独立戦争は起こっていた。もともと両国は歴史的に対立していた国家と民族なのだ。そのままケンカ別れをすればいいわけで、戦争初期の段階では分離独立の方法をめぐっての衝突というのが実態だった。

なんとか「火」をつける方法はないか……。

そこでターゲットになったのが「ボスニア・ヘルツェゴビナの独立」なのである。ユーゴの分離独立で最も条件が悪かったのがボスニア・ヘルツェゴビナのムスリム人だった。彼らはイスラムというだけでこのエリアの4割強を占めているにすぎない。ムスリム人でまとまってイスラム国家を建国するにせよ、ボスニア・ヘルツェゴビナ全土ではなく領土はかなり削減されることが予想されていた。

そのムスリムが強引に独立を図った場合、戦火は間違いなく拡大する。

そしてボスニア・ヘルツェゴビナがセルビアに勝利すれば、やけを起こしたセルビア側によって仇敵《きゅうてき》クロアチアとの内戦は激化する。いったんこの両国が本気になれば、歴史的に対立してきた民族だけにすさまじい殺し合いとなる。

アメリカにはNATOや国連軍として軍事介入する名目が立ち、旧東側諸国に冷戦で余った兵器を大量に売りさばける。ユーゴ国内の各共和国も、この状態では話し合いによる分離独立が不可能と思えば、やはりアメリカ製兵器を購入する。

戦争が激化すれば在庫処分のミサイルもバンバン撃てる。使用した実績があれば、その後のミサイル予算は削減されることはない。

もうおわかりだろう。

ハーフのPRにはアメリカ軍、アメリカ軍需産業、アメリカ国務省の全面的なバックアップがあったのだ。当然、資金はこれらの組織から出ていたことだろう。ボスニア・ヘルツェゴビナの9万ドルなどはした金だったのである。

いずれにせよ、このボスニア・ヘルツェゴビナの「謀略」のなかでアメリカのPR会社を中心にした欧米各メディア、再編されたばかりのアメリカ軍の民事作戦部隊、さらにアメリカの各政府機関と各国際機関を統括する国務省が全体を管理する「サイオプス」のシステムが完成していく。

繰り返すが、それを計画したのはパパ・ブッシュであり、その実務責任者はベーカー国務長官だった。1993年にパパ・ブッシュは政権の座を降り、クリントン政権へと移行する。

その間、サイオプスはパパ・ブッシュの管理のもとでブラッシュアップしながら本格的な稼働の日を待ち続ける。

1999年にベイビー・ブッシュ大統領が就任。

そして2001年9月11日が到来する。

――「9・11」である。

このとき、アメリカ最高の兵器「サイオプス」はアメリカ市民を攻撃し、アメリカ市民の知性と常識を徹底的に破壊し尽くすのである。

2014年に西アフリカで流行したエボラ出血熱。「エボラで死亡」と報道された人のなかには“やらせ”で地面に寝転がる人もいたという。

第4章 「情報戦」で読み解く世界史

アレキサンダーが駆使したサイオプス

世界を支配した「巨大帝国」は、すべてサイオプスによって誕生した。その時代に最新のサイオプスを手に入れた勢力が「世界」を支配してきたのだ。

決して大げさな話ではない。

なぜなら、サイオプスの創始者、正確にいえばサイオプスの効果を最大限に活用した最初の「大王」こそがアレキサンダーだからである。

周知のとおり、アレキサンダー大王はマケドニア王子として古代ギリシャを併合し、紀元前336年に20歳で王に即位するや、わずか10年足らずで現在のトルコからインドにいたる中東から中央アジア全域を支配した。

特筆すべきはマケドニアより格上だった当時の先進国エジプト、さらに古代世界の覇者ペルシャをあっけなく倒していることだろう。歴史の授業で習ったと思うが、どうしてこんな大偉業ができたのか不思議に思ったことはないだろうか。

じつはサイオプスの観点から見ると簡単に理解できるのだ。

アレキサンダーの大遠征は、システム自体はとてもシンプル。まず、すでに「戦争の天才」として名高かったアレキサンダーみずから指揮する。これで味方の士気は上がり、敵の戦意は挫ける。次に戦争に勝ったあとに兵の大半を占領地域に残し、代わりに占領した国の軍隊を丸ごと次の戦場に連れて行く。次の戦争に勝てば新しい領土はそれ以前に滅ぼされた王族や貴族の領土となる。だから必死に戦う。この繰り返しでどんどん領土を拡大していったのだ。

アレキサンダーの軍は、ようするに「移動する王宮」なのだ。国を滅ぼされて奴隷にされたというより、当時、世界帝国を築こうとする王宮に配属されたのも同然で、兵の士気はまったく下がらなかった。王みずから兵を率いる「親征」だったから成功したのだ。

アレキサンダーの「サイオプスの天才」ぶりを示すエピソードも残っている。兵力差のために撤退を余儀なくされた戦いがあった。このまま追撃されると全滅する。そこでアレキサンダーは道中に巨大な鎧甲《よろいかぶと》や剣を捨てておいた。それを見た敵軍が「アレキサンダーの軍には巨人がいる」と信じてしまい、追撃をあきらめたという。

こうした敵の心理を逆手に取った作戦がじつに巧みだったのだ。

もうひとつ、重要なサイオプスが当時の最先端であったギリシャ文明だった。アレキサンダーは新領土をギリシャ方式の法律で統治した。もともと国家ごとに文化が違えば対立も起こりやすい。そこで古代世界で最も洗練され、高度な文明と評価されていたギリシャ文明を利用して文化自体を「共有」させることで対立しないようにしたわけだ。

印象操作が生み出した「最強のモンゴル軍」

次に「世界帝国」を築いたのは13世紀初頭にアジアからヨーロッパまでユーラシアの大半を支配したモンゴル帝国「イケ・モンゴル・ウルス（大モンゴル帝国）」だろう。モンゴル帝国も新しいサイオプスをつくりあげた。

ひとつは「モンゴル」というシステムである。

本来、モンゴルは民族名だが、モンゴル帝国においては「社会統治」のシステムを意味する。モンゴルという社会統治システムを受け入れた国民が「モンゴル人」となる。ようするに自由主義やアメリカのグローバリズムといったイデオロギーに近い発想なのだ。

有名なチンギス・カーンやフビライ・カーンといった大王は周辺の諸国家に「モンゴルを受け入れろ」と要求する。受け入れた場合は、たいてい税金は安くなり、交易もさかんになって経済は発展する。モンゴルという社会統治システムは当時の社会ではなかなか革新的で洗練されていた。

一方で拒絶した場合は、その国すべてをみな殺しにする。

まさに究極の選択で、戦争初期の段階では実際に諸国家に殲滅戦を行って幼子や女性の死体を城壁にさらすといった非道な行為をしている。しかし、これも一種のプロパガンダで、結果的に多くの国家はモンゴル軍が到来すると即座に降伏するか、市民がクーデターを起こして帰順するので、ほとんど戦争はなくなっていく。税金が安くなり、経済がよくなって社会制度が整備されるため、悪政を敷いていた権力者は追い出されてしまうからだ。

もうひとつ、モンゴル帝国の形成で重要な役割を果たしたのが「最強のモンゴル軍」という「演出」である。

モンゴル軍は騎兵が大半で、しかも騎兵1人に対して馬が5頭用意されていた。モンゴル騎兵は馬を乗り換えることで乗ったまま眠り、糞便《ふんべん》を垂れ流し、馬の血を飲みながら移動を続ける。1日100キロメートル以上も行軍することが可能だったのだ。

この時代というか、自動車が普及するまで一般的な軍隊の行軍距離は1日20キロメートル程度にすぎなかった。20キロメートルといえば普通に歩いて5時間ぐらいだ。少ないように思えるが、1万人の軍隊なら毎日1万人の寝床や食事を用意しなければならない。その準備に朝晩合わせて5時間はかかるため、歩くだけで精いっぱいなのだ。

つまり、200キロメートル先の国にモンゴル軍が到来したと早馬で知らせてきた次の日には、そのモンゴル軍が殺到するのだ。しかも騎兵の4倍に相当する空馬も遠目からは屈強なモンゴル騎兵に見える。つまり、5倍の兵に見せかけているのだ。

この当時、モンゴル馬とモンゴル弓（複合弓）のモンゴル騎兵1人の兵力は重装歩兵10人に相当するといわれていた。そんな騎兵が本当は1000人程度なのに、馬によって5000の騎兵部隊に見えてしまうのだ。攻められた国家の戦意は挫かれて即座に門を開けて服従するのも無理はない。

モンゴル軍は世界史レベルで強く見せる演出が抜群にうまかった。事実、モンゴル軍自体はそれほど強くなかったといわれている。日本に攻めてきた元寇《げんこう》においても鎌倉《かまくら》武士のほうが強かった。モンゴル軍が強かったという評判は、日本の武士がたくさんの恩賞をもらうためにでっちあげたウソという説まであるぐらいだ。

世界帝国「大モンゴル帝国」は演出力とモンゴルという統治システム、この二つのサイオプスによって誕生したことがわかるだろう。

情報戦で島国から世界帝国にのしあがったイギリス

近世にかけて誕生した世界帝国が「太陽の沈まぬ帝国」、そう、大英帝国である。

大英帝国の最大の特徴は、少数のイギリス人勢力で多数の異民族を支配する技術に長《た》けていたことだろう。

大英帝国が成立したときにイギリス人たちは命がけで「世界」に打って出た。このあたりの実情は拙著『日本はなぜ、アメリカに金を盗まれるのか』（メディアックス刊）にくわしく述べている。興味のある人は読んでほしい。

ともあれ世界を股にかけて貿易を始めたイギリスは、そこで効率的な利益確保を徹底的に磨いていく。利益の拡大とは、ようするに違法スレスレの「収奪」である。その先にあるのが植民地となる。外国で最大限の利益を上げるには、その外国の文化、民族性、習慣、社会の特徴を徹底的に調査して理解しなければならない。

近世のイギリスは「比較文化論」といった諸外国のあらゆる民族の特徴を調べ抜いてイギリスの利益拡大に役立ててきた。たとえば内紛をしかけてイギリスが味方をすることで、どちらかの勢力が勝つ状況をつくりだす。あるいは隣国との関係を悪化させることで、イギリスとの関係改善が必要な状況にする。こうした手口が抜群にうまいのだ。しかも舌先三寸で国家間の諍いを煽ったり、火のないところにも平然と煙を立てたりする。

これが「三枚舌外交」という、悪評ながら最大のほめ言葉でもある大英帝国の「外交部」となる。いうなれば大英帝国は相手を巧みにコントロールする「外交力」というサイオプスで世界帝国を築いたのである。

さて、イギリスの外交力が最大限に発揮されたのが2度にわたる世界大戦である。第1次世界大戦は最終的に大英帝国とドイツ帝国の勢力争いとなった。

そこでイギリスはドイツに対して徹底的なネガティブ・キャンペーンを展開する。「アラビアのローレンス」で有名になったアラブ諸部族の独立運動を皮切りに、ドイツの対外的な影響力を根こそぎ奪っていく。

第1次世界大戦のとき、ドイツはこのサイオプスの分野でイギリスに立ち遅れていた。同じヨーロッパ内の政治工作や交渉は得意だったが、異民族や異文化の国家に対してはイギリスほど巧みではなかった。異民族に対して高圧的になりやすいドイツ人のプライドの高さに加えて、もともと世界進出が遅れて経験が少なかったからだ。この弱点を逆手に取って戦後のドイツにナチスが誕生する。まさに歴史の皮肉であろう。

もちろん、イギリスはドイツの対外国工作が弱い点を熟知していた。そこでイギリスは「ロイド卿《きょう》（デービッド・ロイド・ジョージ）」を情報戦の総責任者に据えて本格的な工作に乗り出す。特筆すべきは「シャーロック・ホームズ」でおなじみのアーサー・コナン・ドイル、「SFの父」H・G・ウェルズのほか、トーマス・ハーディ、ラドヤード・キプリングといった、この時代にイギリスが誇った小説家や文化人が総動員されたことだろう。

そうして名文家たちの筆致鋭い文章で、『ドイツの非道行為に関する疑惑』（The Report on Alleged German Outrages）を出版し、とにかくドイツの悪評を徹底的にあげつらった各種パンフレットを世界中にばらまいていく。

そのためにイギリスは１９１７年に電信・通信、ラジオ、新聞、雑誌、映画といった各種メディアをコントロールする「情報部」を設置し、世界初の情報戦専用組織をつくっている。

この「情報」のコントロール力によって大英帝国は世界を支配したのだ。

コミック、絵画、銅像……芸術を駆使したサイオプス

世界初の「絵入り新聞」である『イラストレイテド・ロンドン・ニュース』(The Illustrated London News)は1842年にイギリスで創刊された。最盛期には発行部数30万部で、この時代としては驚異的な売り上げといっていい。日本語では『絵入りロンドン新聞』『絵入りロンドン・ニュース』などと訳されるらしい。

ともあれ19世紀はロンドンといえども労働者階級の識字率は決して高くなかった。しかし、労働者階級も国民であり、彼らの影響力や選挙権は日増しに重要になる。そこで文字ではなくイラストを使って「特定」の情報を一方的に伝えるようになった。この絵入り新聞も重要なサイオプスなのだ。

余談になるが、キリスト教徒のなかでラテン語で書かれた聖書を読める人はごく一部しかいなかった。一般信者への布教はキリストの物語を描いた絵画が中心となってきた。教会のステンドグラスもそのためにつくられたものなのだ。

これは日本でも「地獄絵図」や「極楽浄土」といった絵画でおなじみだろう。日本の寺

に安置されている仏像は極楽浄土をわかりやすく表し、その対比として「針地獄」「釜ゆで地獄」といった地獄の絵を掲げているわけだ。

この絵画によるプロパガンダは近世まで最も重要視されてきた。とくに大航海時代を経て欧米列強による植民地競争が始まった際にヨーロッパの各都市ではさかんに「世界冒険展」が開催された。中南米やアフリカ、アジアのめずらしい物産だけでなく、必ず探検家たちの活躍を描いた絵画が並んでいた。

そこに描かれているのは「未開の原住民」の姿であり、「勇猛果敢で賢い欧米人」が苦難を乗り越えるというストーリーとなっている。この冒険展を見た人が「未開の原住民はわれわれ西洋人が支配して、彼らに文明を与え、教化し、〝動物から人〟にしてあげなくては」と自然に思うように計算してつくられているのだ。絵画なので字が読めなくても伝わる。むしろ字が読めないぶん、字が読める人より洗脳（プロパガンダ）の効果は高いぐらいなのだ。

イギリスでさかんに発行された「絵入り新聞」では当然、イギリスの敵やイギリス政府にとって都合の悪い勢力は「醜く」「悪辣」に描かれる。日本など最初は刀とちょんまげをした野蛮な連中から、日英同盟のときには「武士道」を持つ立派な軍人へと露骨なまでに変わっていく。歴史の教科書に載っている風刺画の多くは、こうした「絵入り新聞」がソースとなっている。

本来、日本は伝統的に「絵入り」、つまり漫画によるプロパガンダや情報戦は得意な分野のはずだが、残念ながら効果を発揮しているとはいえないだろう。日本人は、どうも根本的にプロパガンダが苦手なのかもしれない。

最近はずいぶん減ったが、2000年代ごろまで日本ではブロンズの裸婦像、つまり裸の女性のブロンズ像が公共の場所にたくさんあった。欧米人の感覚ではちょっと変だと思うことなのだ。裸婦像はヨーロッパの芸術だが、裸の像は博物館や邸宅の敷地内など基本的に公共の場所以外に設置される。一種のセクハラになるからである。そんなものを公共の場に置けば撤去運動が起こるのだ。

では、どうして日本には裸婦像が公共の場にあったのか。

これは戦後の特徴らしく、各自治体がこぞって裸婦像を飾り始めたからだという。その理由は、戦前に公共の場に飾られていた像は軍人や武人ばかりだったため、敗戦後は平和国家のシンボルとして「裸婦」に切り替えたからだという。つまり、鎧甲や軍服を脱いで裸になるほど「平和な時代」というアピールであり、だから裸婦像は「セクハラ」と反対されることもなく、どんどん飾られていったらしい。

考えてみれば、戦前の軍人の銅像は撤去して武器の材料になった。逆に戦後はその武器を溶かした材料で、こうした裸婦の彫像をつくった。

もう少し余談を。戦後の日本の風俗はGHQ（連合国軍最高司令官総司令部）や占領したアメリカ兵向けに発展していった。ところが唯一、日本人向けの風俗となったのが「ストリップ」なのだ。

ストリップが始まったのは敗戦から2年後の1947年の新宿《しんじゅく》からである。そこで「額縁ショー」といって、西洋の裸婦像をモチーフにしたヌードを公開した。

そんな裸の女性を見て超満員の会場では、すすり泣く声が鳴り響いていたという。客の多くは復員した日本兵で、裸になった女性を見て、「本当に戦争が終わったんだ」「ようやく平和になったんだ」と実感して、みんな泣いていたらしい。

この「額縁ショー」とストリップは、GHQによって積極的に広まっていった。

戦争が終わると「裸」が平和の象徴となる。

サイオプスは、こんな身近な場所にも存在しているのだ。

サイオプスを最高レベルまで高めたナチス

第2次世界大戦ではナチス・ドイツが新たなサイオプスの覇者として登場してイギリスと激しい情報戦を繰り広げることになる。

ドイツの敗戦をイギリスに情報戦で出し抜かれた結果と考えたアドルフ・ヒトラーは、ナチス政権の柱に「サイオプス」を据えた。それが宣伝相となるジョセフ・ゲッベルスである。そのゲッベルスの有名な言葉がある。

If you tell a lie big enough and repeated often, then people will believe it at the end. You can claim a lie as long as it manages the state to shield people from the political, economic and military consequences of the lie. It is therefore of vital importance to use for the state, its entire power for the suppression of dissent. The truth is the mortal enemy of the lie, and therefore the truth is the greatest enemy of the state.

（もしあなたが十分に大きなウソを頻繁に繰り返せば、人々は最後にはそのウソを信じるだろう。ウソによって生じる政治的、経済的、軍事的な結果から人々を保護する国家を維持しているかぎり、あなたはウソを使える。よって国家のためにすべての力を反対意見の抑圧に用いることはきわめて重要だ。真実はウソの不倶戴天《ふぐたいてん》の敵であり、したがって真実は国家の最大の敵だ）

ときに「ウソも100回いえば真実になる」とも訳される。

どんな途方もないウソだろうが、それを何度も何度も繰り返してその舞台装置、つまり大きなメディアで大きく報じていけば、それによって人はどんなウソでも「本当なのだ」と信じるようになる。現在まで続くプロパガンダのテクニックである。

ナチスは巧みなサイオプスで一時はヨーロッパの大半を支配する。

このナチスに対抗したのが先の大戦からこの時代も世界最強の「外交部」を擁する大英帝国と、共産主義プロパガンダを国家運営の柱にしてきたソ連だった。ソ連もまた社会主義国家というイデオロギーをサイオプスにした「世界帝国」といってもいい。

イギリスはドイツを情報戦で出し抜き、ノルマンディー上陸作戦を成功に導いてヨーロッパ戦線の勝利を確定した。このときイギリスが用いた軍事欺瞞の戦略は現在でも高い評価を得ている。ノルマンディー作戦におけるダブルエージェント、欺瞞情報でドイツを攪乱《かくらん》したスパイは、のちに「第2次世界大戦のイギリス最大の詐欺師」という最高のほめ言葉をもらっている。

第2次世界大戦の時点でアメリカはサイオプスの分野で立ち遅れていた。イギリスやドイツ、ソ連に比べればやり方が雑で大ざっぱだった。

実際に参戦するためにしかけた「真珠湾攻撃」にせよ、相手が日本だからこんな杜撰《ずさん》な方法に引っかかっただけで、この場合はアメリカ側が巧妙だったというより、残念ながら安っぽい手に引っかかった日本の落ち度のほうが大きい。もし日本の立場がイギリスならば、アメリカが「ハルノート」を突きつけた時点で、このハルノートの悪辣さやムチャクチャさを全世界にアピールして情報戦でアメリカを逆に追いつめていただろう。

アメリカが高度なサイオプスをしかけるようになるのは第2次世界大戦後のことだ。第2次世界大戦中に最先端の情報戦を繰り広げたイギリスやドイツの戦いを研究することでその能力を磨いていったのだ。こうして戦後に世界中でしかけた戦争で「実戦」テストを繰り返しながら、アメリカ独自のサイオプスを構築していく。

このアメリカ型サイオプスは、何度も説明してきたように国家機関、諜報機関、軍隊、国際機関、一般メディア企業、ＰＲ関係者などあらゆるチャンネルを統合して一元的に管理できるように制度設計した「システム」である。

アメリカでは２０１０年にこのシステムを「軍事情報支持活動（ＭＩＳＯ、Military Information Support Operations）」と呼んでいたが、２０１４年8月に「サイオプス」に名称を変更。その後、２０１５年に再び「ＭＩＳＯ」に戻している。

このあたりの実情はあとで触れていこう。

覇権国家ほどサイオプスに人とカネをつぎ込んでいる

「世界帝国」を築いた国家には、その国独自のサイオプスが発展してきた。戦後に世界帝国となったアメリカのサイオプスの特徴ははっきりしている。

イギリス、ドイツ、ロシアが展開してきたサイオプスに比べて軍事的な側面がきわめて強いのである。なんというか、じつに「血なまぐさい」のだ。そのぶん、実践的で速効性は高いのだが……。

その理由はアメリカ型サイオプスの組織に答えがある。第2章でも簡単に説明したが、アメリカのサイオプスの主力部隊は陸軍特殊作戦コマンド（USASOC《ユーエスエーソック》）にあるアメリカ陸軍民事および心理作戦司令部（USACAPOC）である。

ここが従来のサイオプス大国とは決定的に違うのだ。

サイオプスが軍事技術とはいえ、イギリスでは外交部内に設置された情報部が中心であり、ナチス・ドイツも宣伝省が中心的な役割を果たしている。もちろん情報作戦は軍事行動につながるので軍隊内にも主力部隊は存在しているが、その場合は基本的に軍の情報部が担当する。情報将校や各国大使館に配属される駐留武官などが情報戦の実行部隊となる。

ところがアメリカは各軍の情報部ではなく、特殊部隊内にサイオプスを設置している。陸軍の特殊部隊といえば、最も有名なのはグリーンベレーであろう。このグリーンベレーやデルタフォースと一緒に行動するのがアメリカのサイオプス部隊なのだ。

特殊部隊は軍隊における「虎の子」で、最も優秀な人員が集められ、最新鋭の装備や潤沢な資金がつぎ込まれる、いわば軍の心臓部だ。ここにサイオプスを配置していること自体が、いかにアメリカがサイオプスを重要視しているのかを理解できるし、それで何をしようとしているのかも推察できよう。

そして、ここで絶対に知っておかなければならない情報が、アメリカの特殊部隊は政府（大統領）直轄で独立運用できるという点なのである。

通常は軍隊の指揮系統は明文化されている。当たり前だが、陸軍の部隊は陸軍が指揮する。ところがアメリカの特殊部隊はアメリカ特殊作戦軍として独立運用できるようになっている。これが通称「ＳＯＣＯＭ《ソーコム》（＝ＵＳＳＯＣＯＭ、United States Special Operations Command）」である。このＳＯＣＯＭで各軍の特殊部隊を運用するときは、その監視や監査のためにＣＩＡが配備される。そのＣＩＡに指示するのが国務省となる。

つまり国務省主導でサイオプス（ＭＩＳＯ）を展開するときは、ＣＩＡの指揮のもとでＳＯＣＯＭを通じてＵＳＡＣＡＰＯＣを運用する。

それとは別にペンタゴンが主導してサイオプスを行う場合は、陸軍を通じてＵＳＡＳＯＣからＵＳＡＣＡＰＯＣが動く。民生部門の協力が必要なときはペンタゴンを通じてＣＩＡや国務省ほか各国政府機関に協力してもらうわけだ。先にも書いたが、どうも２０１０年前後からペンタゴンと国防総省のあいだでサイオプス組織をめぐる権力争いがあるのだろう。それで名称がコロコロ変わっている可能性は高い。

実際にアメリカは法律でアメリカ軍部隊による国民へのサイオプスを禁じている。

しかし、2003年10月にベイビー・ブッシュ政権下でかのネオコンの雄ドナルド・ラムズフェルド国防長官（当時）が「外国に対してしかけた情報工作は、メディアを通じてアメリカ市民に影響が出るのは避けようがない」と事実上、アメリカ国民へのサイオプスを解禁していると明言している。

2003年といえばイラク戦争に向けてアメリカ政府が「イラクには大量破壊兵器が存在する」とプロパガンダ工作をしている真っ最中のこと。この情報工作を国際世論のために行えれば、その「情報」は当然アメリカ国民に伝わる。結果的にアメリカ国民も「騙す」ことになるが、それはしかたないだろうと開き直っているわけだ。逆にいえば、外国向けという「建て前」があれば、いくらでもアメリカ国民向けにサイオプスによる情報操作や洗脳が可能となる。

それを実行してきたのが「9・11」以後のベイビー・ブッシュ政権であり、その反発からペンタゴンが一時期サイオプスの主導権を奪い返して「MISO」として管理したものの、それを2014年8月に再び国務省に奪われて「サイオプス」となり、2015年にもう一度奪い返したと推察できるのである。

このあたりの実情は、もう少し調査したあと、別の機会に紹介したいと思っている。

テロリズムとサイオプス

アメリカのサイオプスは血なまぐさいと書いた。

第1章でも紹介したように、アメリカは世論を参戦に仕向けるために平然と自国民を犠牲にする自作自演テロを繰り返してきた。

この自作自演テロが成立するには二つの条件が必要となる。ひとつは、非常にすぐれた軍の部隊を「極秘」で運用できること。もうひとつは、この機会を見逃さずに、目的どおりに情報工作を展開することだ。

もうおわかりだろう。それが「USASOC」アメリカ陸軍特殊部隊であり、サイオプス実戦部隊である「USACAPOC」なのである。

ペンタゴンの愛国派に邪魔されずに運用するには「SOCOM」を政府直轄にしてCIAに指揮させればいい。SOCOMは陸軍だけでなく海軍、空軍、海兵隊、さらにサイバー部隊なども運用できる。「9・11」を計画・実行することは不可能ではないといいたくなる。

アメリカのサイオプスの特徴となるのがグラディオ作戦である。

グラディオ作戦のコードネームは古代ローマの剣「グラディウス」に由来する。ゆえにグラディオの工作員を「グラディエーター（剣闘士）」と呼ぶこともある。

このグラディオ作戦は一般的には1950年代以降に米ソ冷戦が激化するなかで西側諸国であるアメリカとNATOによる諜報活動全般を示している。

このグラディオ作戦が「剣」を名乗るのは、自作自演のテロを引き起こして自国民を大量虐殺するところにある。コロッセオよろしく「見世物」として国民を殺しまくるのだ。そして犯人は「極左ゲリラ」と認定し、西側ヨーロッパ諸国の左翼勢力や左翼系政権にダメージを与えつつ、軍隊を用いて「無実」の左翼勢力を一気に殲滅する。

1969年のミラノ・フォンターナ広場爆破事件、1980年のボローニャ駅爆破テロ事件など、1970年代前後にイタリアで多発したテロ事件の多く、いや、すべてはCIAが雇ったイタリアの右翼集団による「犯行」とわかっている。

このグラディオ作戦は、たんなる自作自演テロというだけではない。

悪逆非道な「テロ」を起こした勢力を叩けと世論を喚起するのはパターンのひとつにすぎない。その「テロ」を理由に当局は警察や軍隊を出して「テロ組織」を鎮圧する。さらに当局（政府）に都合の悪い勢力や政治家、関係者を根こそぎ一掃するというパターンも存在する。クーデターで反米国家の政府を転覆するといった応用もなされるのだ。

その視点で見れば、2001年の「9・11」から2015年現在にいたるアメリカのかかわったすべての「戦争」がグラディオ作戦であったことがわかるだろう。

このグラディオ作戦は世論誘導というサイオプスがあって初めて成立するものなのだ。

さて、グラディオ作戦については個人的な経験がある。私が17歳のころ、父親がアルゼンチンのカナダ大使だった関係で大使宅で暮らしていた。そこで仲よくなった警備を担当する特殊部隊の隊員から自筆のノートを見せてもらったことがあった。そこには爆弾のつくり方がこと細かに書かれていた。理由を尋ねると隊員は「自分たちで爆弾テロをしかけて左翼テロに見せかけることで軍事政権を正当化するためだ」と語っていた。まさに典型的なグラディオ作戦だったのだ。

このテロに見せかけた爆弾製造は、もちろんアメリカ陸軍特殊部隊ならば「必須」の科目であろう。本来は発見と解除のためであろうが、解除できれば当然、つくることもできるし、効果的なしかけ方もわかる。

実際にサイオプスの主力部隊である「USACAPOC」の多くは特殊部隊内からその

まま選別されている。これはごく少数で潜入工作をするためで、心理戦や情報操作のスペシャリストとして民間から徴用（契約）する場合は予備役に編入する。いずれにせよ主力はグリーンベレーのなどの特殊部隊の隊員なのだ。

そこでまず特殊部隊としての基本的な戦闘のトレーニングを9週間、次に専門的なコースのトレーニング（ＡＩＴ）を13週間、その後は潜入のための空挺《くうてい》（空中降下）などのトレーニングと必要な語学を学んでいく。

このトレーニング内容からも、機密保持や極秘潜入工作という側面から特殊部隊の隊員クラスでなければアメリカ型サイオプスは不可能というのがわかるだろう。そんなサイオプス・トレーニングを受けた特殊部隊の隊員を1万人規模で抱えているのが「アメリカのサイオプス」なのである。

どれほどすさまじいのか、説明するまでもあるまい。

「実行犯」を担う民間軍事会社

アメリカの特殊部隊の隊員は基本的に氏名や顔写真は秘匿される。テロ対策を名目に情報公開できないのだ。これは日本の警察や自衛隊の特殊部隊も同様で、隊員は家族にさえ「経理部」勤務とか、警察の外郭団体の職員と身分を偽るのが常識になっている。

そこでアメリカの特殊部隊の隠《かく》れ蓑《みの》となっているのが「ＰＭＣ」民間軍事会社である。ＰＭＣの名が世に広まったのは１９９０年代にアフリカ各地で頻発した内乱で活躍して以降のこと。大企業が保有する鉱山などの警備や要人警護、さらには政府軍や反政府軍に雇用されて戦闘に参加することも多かった。

傭兵《ようへい》部隊や外人部隊（エトランゼ）と違うのは、純粋な意味で「兵士」ではないという点だ。戦闘に参加する場合も、ＰＭＣはインストラクターや作戦のアドバイス、兵士の訓練にかぎられている。ゆえに軍服や階級章もつけない。そのためＰＭＣの扱いはあくまでも「民間人」。戦闘に参加しながらもジュネーブ条約などの「国際人道法」の対象外となる。人道条約では捕虜の保護や戦闘行為のルールが定められている。つまり、条約対象外のＰＭＣ社員が敵兵を殺した場合はたんなる殺人罪となるし、敵側に捕まった場合は捕虜としての保護もされず、人道法で禁じられている拷問や自白剤の使用も許されてしまう。

傭兵や外人部隊は雇用先の国家の兵として扱われて条約の対象となる。

逆にいえば、ＰＭＣは戦地で「国際人道法」に縛られることがない。敵兵の拷問、民間人の虐殺、略奪といったあらゆる非合法な活動ができるのだ。同じ行為を傭兵や外人部隊がやれば、国籍が違おうとも彼らを雇っている雇用先の国家を人道法違反で訴えることができる。しかし、ＰＭＣの社員が行う非合法活動はたんなる犯罪行為のため、被害国はインターポールに国際指名手配をお願いするしか方法はないのだ。

そもそも軍隊を他国に派遣するには、それなりの理由も必要となるし、活動も制限される。ＣＩＡのような諜報機関の工作員はスパイ活動が主であって、必ずしも武器の扱いに長けているわけでも戦闘力が高いわけでもない。

ＰＭＣは建て前上は民間企業である。アメリカ資本の企業が「この重要設備を警備してほしい」と依頼すれば、どんな国にも「アメリカのビジネスマン」として入国できる。そのビジネスマンが歴戦の兵士や工作活動のプロフェッショナルだとしても受け入れる国側では把握できない。実際にネイビーシールズなどの特殊部隊はテロ対策を名目に所属する隊員を秘匿している。これは日本の特殊部隊も同様で、除隊するまでは家族にも隠すほど徹底している。新しい名前や戸籍を用意すればＰＭＣの社員として特殊部隊の隊員を他国に送り込むことも可能なのだ。

第１章でも紹介したが、「３・11」の福島第一原発事故における警備会社「マグナＢＰ」

はＣＩＡがイスラエルで設立させた民間軍事会社だった。そこにアメリカの特殊部隊の隊員を送り込むことなど、じつは造作もないのである。

それだけではなく、ＰＭＣにはもうひとつ、別の顔がある。

――クライシス・アクターである。

正確にはこのクライシス・アクターはそれを運営する企業のことである。クライシス・アクターは「犯罪もしくは犯罪行為を演じる」組織のことで、わかりやすく説明すれば、日本でもよく街頭インタビューで「やらせ」が騒ぎになることがあるだろう。

昨今は撮影映像の使用がプライバシーの保護などでうるさくなっている。目的がはっきりしたニュース映像の場合は大丈夫だが、その映像を別の目的で使い回した場合は映った本人に使用許可を取らなくてはならない。

そこであらかじめ用意しておいた業界用語でいう「サクラ（英語ではプラント＝植え込みという）」にインタビューするわけだ。そのやらせ専門のエキストラ会社も存在し、テレビ業界では「仕出し屋」というらしい。お弁当を注文するように、どこそこの現場に、年齢や性別、服装などを指定してエキストラを派遣してもらう。

クライシス・アクターの運営企業も日本の「仕出し屋」とシステム自体は同じだ。

違いは、やらせを演じる場所。クライシス・アクターの場合はその名のとおり「犯罪現場」専門なのである。

彼らクライシス・アクターたちは大きな事件が起こった現場に行き、まるで事件に遭遇したかのように「ああだ、こうだ」と発言する。それだけではない。ときには「被害者」にまで「なりすます」。俳優のようにメイクさんから血糊《ちのり》やアザなどをつけてもらって苦痛に顔を歪め、突き出されたマイクに向かって被害者を演じる。「被害者遺族」という役柄もある。あとから現場に駆けつけて被害者の遺族となって泣き叫ぶ。その「死体」も役者が演じる。

クライシス・アクターの運営企業とは、事件現場を演出する「劇団」と思えばいい。

このクライシス・アクターについては2013年のボストン・マラソン爆弾事件、2012年のサンディフック小学校銃乱射事件で事件の被害者としてメディアに証言した女性が同一人物と判明しており、多くの事件で暗躍していることがわかっている。2014年の西アフリカにおけるエボラ出血熱でも、アメリカの大手メディアが報じた被害者が現地採用のエキストラだったことが判明している（なにせエボラで亡くなったという被害者なのに、別のシーンでは起き上がって笑っていたのだ）。

その特性からクライシス・アクターの運営企業はPMCの一部門かPMCと提携している。じつはクライシス・アクター企業には「ISIS」という名前の会社が存在している。これが「イスラム国」なのかは別にして、イスラム国もまたアメリカの特殊部隊がかかわったPMCとクライシス・アクター的存在であろう。

事実、私が取材したペンタゴン関係者は、イスラム国が行ったとされる残虐なテロや戦闘行為のほとんどは中東と景色が似ているアリゾナ州の砂漠地帯でクライシス・アクターを使って撮影した「映画」だったと証言している。2015年3月にイスラム国が重機を使って破壊したメソポタミア文明時代のニムルド遺跡も、のちの調査で「レプリカ」を破壊する「やらせ」だったことがイラク当局の発表で判明している。

イスラム国がSOCOMを通じたサイオプス特殊部隊だとすれば、これら一連の「やらせ」や報道がアメリカ国務省の利益誘導、正確には国務省を通じて戦乱を引き起こし、それによって莫大な利益を得ようとする「寡頭資本家」たちの策謀という私の主張も納得してもらえるだろう。

サイオプスでつながる戦後史の「点と線」

グラディオ作戦（自作自演テロの別名）、ＰＭＣ（アメリカ企業として世界中の重要施設に配備された武装組織）、クライシス・アクター（重大な殺人やテロ事件をでっちあげる劇団）、これに「サイオプス」を加えると、すべてがつながる。

２００１年以降、アメリカ、正確にはアメリカを支配する寡頭資本家たちの独善的な利益確保のために世界ではいったいどれだけの人が殺され、どれほどの富を失ったのか……。

繰り返すが、これらの策謀を実行するためにシステム化されてきたのが「サイオプス」なのである。サイオプスがフル稼働しているから世界は歪んできたのだ。

サイオプスで世界帝国をつくったアレキサンダー、モンゴル帝国、大英帝国。これらが善だったとはいうまい。しかし、そこにはロマンがあった。彼らが生み出した人類の知恵があった。

しかし、戦後世界で帝国を築いたアメリカのサイオプスは血なまぐさく薄汚れている。ただたんに世界を歪めて寡頭資本家たちの懐を潤しただけなのだ。

何度も述べてきたが、このサイオプスの主導権はペンタゴン愛国派によって寡頭資本家から奪い返された可能性が高い。2015年2月17日にペンタゴン愛国派の代表アシュトン・カーターが国防長官に就任した直後にサイオプスを「MISO」に変更したはずだ。

このカーターの就任に際してバラク・オバマ大統領は、なんと承認式を欠席するという前代未聞の行動をしている。また、私自身もブログでも触れてきたが、カーターが国防長官就任直後の2015年3月にCIAを強制捜査したという一部報道があった。それが事実だとすれば、このサイオプスにからんだ案件であった可能性は高いだろう。USASOCをCIAが悪用したという名目ならば国防長官として捜査する権限を有するからだ。

先のユーゴ内戦でアメリカがしかけたPR会社による情報戦を紹介したが、こうしたサイオプス部隊は現地で暗躍していた。

それが「エージェント・プロパガンダ」である。「民族浄化」という情報を確定するためにセルビア軍に扮《ふん》したサイオプス部隊が本当にムスリム人をレイプしまくったのだ。それだけではない。ムスリム人兵士に扮したサイオプス部隊はセルビア軍に対して「卑劣」な攻撃をしかけて虐殺する。それで戦争を激化させていくわけだ。これは、いま現在、ウクライナでも同じ手法で展開されている。

シリアの場合は「一枚の写真」がしかけられた。

2014年4月13日の「シリア毒ガス使用」騒動である。CNNは「内戦下にあるシリア北西部にあるハマ、イドリブ両県の町や村落で7件の毒ガスの使用による死傷者が出たとの情報があり、アサド政権と反体制派がともに相手方の責任を非難している」と速報。その後、死傷者は1300名以上という報道が相次ぎ、その現場映像も世界中に配信されたのだ。

もちろんサイオプスである。

読者も自分の目で確認してほしいのだが、「シリアが毒ガスを使用した証拠写真」というのは、なんてことはない、1988年にフセイン時代のイラクがクルド人に毒ガスを使用したという「ハラブジャ事件」で使用された写真そのものなのだ。

ちなみにロシア批判に利用されたウクライナを侵略するロシアの戦車部隊の映像も、ロシアとグルジア（現ジョージア）が戦った南オセチア戦争（2008年）を加工した写真と判明している。

同様にNATOがリビア攻撃の口実とした反政府デモと、カダフィ体制の反対デモの映像は、なんとインドで撮影された「映画」なのである。インドはボンベイ（現ムンバイ）

とハリウッドをもじって「ボリウッド」と呼ばれるぐらい映画産業がさかんだ。そこでリビア人に見えるエキストラを集めて大々的な撮影をしたという。

本当に何から何まで、すべてウソとデタラメばかりなのに、それがいつの間にか「真実」として扱われていく。これがサイオプスの恐ろしさなのである。

2020年東京オリンピックのメイン会場として建設される予定の新国立競技場。この巨額な総工費にはIOCへの賄賂も含まれている。

第5章 プロパガンダとしてのオリンピック

日本の占領統治に利用された「3S」

サイオプスがいかに人々の意識を巧みに操作するのかは理解してもらえただろう。

とはいえ、意識の誘導には人々が「何か」に強い関心を持つことが条件となる。意識を強く集中すると、それ以外の情報を精査できなくなる。その隙を突いて相手に気づかせないまま思考を操作していくわけだ。

何かに強く集中させるというのは、無辜の市民が虐殺されたといった大きな事件だけではない。むしろ日常のなかにこそ存在する。

その代表となるのが「3S」だ。戦後の日本の占領統治でも利用されている。

三つのSとは「セックス（Sex）」「スポーツ（Sports）」「スクリーン（Screen）」である。これに「ショービズ（Show business）」を加えた「4S」が現在の主流であろう。

この4Sはこれまでも「国家心理戦」の主流となってきた。戦争ともなれば人気スターは兵士の慰問に出向き、戦意を高揚する映画に出演する。ときにはみずから志願兵となって出兵して一般人の募兵を促す。スポーツ選手も同様であろう。人気があり、関心が高いゆえにサイオプスに利用されてきた、利用する目的で人気を高めてきた、そう言い換えてもいいぐらいだ。

この4Sのなかで、今回は「スポーツ」を中心に語っていきたい。

私は過去の著作でスポーツについてほとんど言及したことはなかった。もともと金融ジャーナリストで畑違いだったという点と、スポーツについてはカヌーやフィッシングといったアウトドアは好きなのだが、プロスポーツやオリンピック競技の観戦は個人的にほとんど興味がなかったからだ。

それでも今回スポーツを取り上げるのは、2015年に日本人にとって関心が高い大きな事件が立て続けに起こっているからだ。

2020年東京オリンピックのメインスタジアムとなる新国立競技場が2520億円という巨額予算になった問題と、FIFA（国際サッカー連盟）による185億円の贈収賄事件である。

なぜ、こんな信じられない事件が起こったのか。その背後を調べていくと「スポーツ」に隠された本質や、「大衆操作の装置」という実相が浮かび上がってくる。

これ以後の文章は、本書編集部の協力で得た情報が含まれている。読者にはあらかじめその旨を了承してもらいたい。

なぜ国立競技場建て替え問題はこじれたのか

まずは国立競技場建て替え問題から説明したい。

周知のとおり、2013年9月に2020年の夏季オリンピックが東京に決定し、そのメイン会場として東京・新宿区の国立競技場の建て替えが正式に決まった。2019年のW杯ラグビー日本大会のメイン会場も兼用するために2014年5月から工事が始まった。予算は当初の計画では1625億円。このときも「高い」とクレームがついたが、世界初となる特殊なキールアーチ構造を名目に予算は了承された。しかし、工事がスタートした途端に迷走が始まった。

2015年5月に施工するゼネコン側はアベノミクスによる円安で輸入資材が高騰し、その特殊な構造で施工費が跳ね上がったとして、なんと900億円以上の追加予算が必要だといいだしたのだ。

世論は猛烈に反発した。当然である。そもそも1500億円の予算でもオリンピック会場としては破格の値段なのだ。通称「鳥の巣」と呼ばれ、豪華すぎる構造といわれた２００８年北京《ペキン》オリンピックのメイン会場が５２０億円。東京より地価の高い２０１２年ロンドンオリンピックでも５５０億円なのだ。また、屋根が開閉する日本で最も高額なスタジアムである福岡《ふくおか》ヤフオク！ドームが７６０億円。これらの建設費すら追加予算で「お釣り」が出るのだ。だいたいドバイにある世界一の高層ビル「ブルジュ・ハリーファ」より１００億円も高い予算で、どうして９００億円の追加予算が必要なのか、誰だって疑問を持つ。

国内の建築家たちも「アーチ構造をやめて普通の構造にすれば予算内で収まる」と新設計の対案を出し、また設計者のザハ・ハディッド氏も「本当につくるとは思わなかった」とコメント。新国立競技場の建設計画にいっさい協力していないことから、違約金を払えば別案に変更するのは十分に可能な情勢になっていた。

ところが、である。新国立競技場計画を主管するＪＳＣ（日本スポーツ振興センター）は頑なまでに対案を拒否し、当初の計画をごり押しして追加予算を通してしまう。

すでに２５２０億円の予算でも足りないのでは、という懸念も出ており、予算圧縮のために海外の輸入資材や建設労働者の大幅増も決まった。「内需拡大」という目的からも外れてしまい、オリンピック開催に盛り上がっていたムードに水を差す結果となっている。

普通に考えても新国立競技場計画が「異常」なのは、すぐにわかる。

なぜ、こんな事態になったのか。

はっきり断言しておこう。

２５２０億円という予算は「オリンピック開催権」の代金であり、新国立競技場計画は東京大会の開催を決定してもらったＩＯＣ（国際オリンピック委員会）に支払う謝礼を捻出するのが目的だったと疑われてもしかたがない。

建設費用から中抜きして賄賂を捻出するのだから、建設費用はバカ高いことが最初から前提となる。ごく普通のスタジアムに改修すれば当然、予算は常識的な価格帯となる。それでは中抜きができない。だから、わざと「アーチ構造」といった特殊構造を選び、施工価格を傍目《はため》からはわからなくしていたのかと疑ってしまう。コンペのときから不評だったザハ案が強引に決まった理由もそれなら理解できる。デザイン性や先端性など関係なく、たんに「施工価格が誰にもわからない」という一点で選んでいるのだ。

２０１５年7月17日、安倍政権は突如、新国立競技場計画を見直す方針を打ち出した。それでどうなるのかはわからないが、おそらく当初の計画予算である１６００億円で収まれば国民は大喜びすることだろう。通常のスタジアムの建設費が５００億円程度とすれば、日本政府がＩＯＣに支払う賄賂の額は１０００億円前後となろう。

それを確実に捻出するためにこの「騒ぎ」をしかけた可能性は高い。わざと２５２０億円以上というとてつもない数字を出すことで反対の声を高めたあと、たんに元に戻すことで批判をかわすわけだ。本来ならば１６００億円でも「何を考えているんだ」というレベルである。その批判をかわすために、もっとひどい状況をわざとつくりだしたといわざるをえない。これもなかなか巧妙なサイオプスであろう。

いずれにせよ日本政府、つまり安倍政権は１０００億円で東京オリンピックを「買った」のである。

ＦＩＦＡ汚職事件の「黒幕」

この構造はＦＩＦＡの汚職事件と一緒といっていい。

２０１５年５月27日にアメリカ司法当局はＦＩＦＡ副会長だったジェフリー・ウェブら９人の幹部とスポーツ関連会社幹部ら計14人を１億５０００万ドル（約１８５億円）の贈

収賄の容疑で逮捕・起訴した。

これは北中米や南米の大会の放映権にからんで広告代理店やスポーツメーカーがFIFAの幹部に賄賂を贈って便宜を図ったというもの。ただし、直接の逮捕容疑は不正な資金の受け渡しにアメリカの金融機関をマネーロンダリングに利用したこと、その脱税と虚偽記載にすぎない。

つまり、カネをもらったFIFAの理事たちが、おのおの自国で185億円分の臨時収入をきちんと税務署に申告しておけば、じつは罪に問えなかったのである。

もっといえば、W杯の招致や放映権でFIFAの会長や理事たちに「賄賂」を贈ること自体は違法でもなんでもなく、罪にはならないのだ。

理由は簡単である。

FIFAにせよIOCにせよ、国連のような正規の国際機関ではないからである。形式上はたんなるボランティア団体、NGO（非政府組織）なのだ。極端な話、W杯サッカー大会やオリンピック大会はFIFAやIOCという「町内会」が行う地元の「お祭り」にすぎない。たとえばお祭りで屋台を出したい飲食店が町内会の役員に「よろしく」と謝礼を渡したところで警察に逮捕されることはないだろう。それと一緒なのだ。

正規の国際機関である国連の場合は内部に独自の法律、警察、裁判所、刑務所があって国家同様の機能を持っている。職員が贈収賄を行えば国連の法にもとづいて警察部署によって逮捕される。しかし、ＦＩＦＡやＩＯＣには町内会レベルの「内規」があるだけで、そこには贈収賄はやめましょうね、発覚したらクビにしますよ、とあるだけなのだ。大半の理事にすればバレるまでは賄賂をもらおうとなる。もともと腐った組織なのだ。

問題はそれだけではない。

ＦＩＦＡとＩＯＣの本拠地はスイスにある。だからといってスイスが管轄しているわけではない。なぜならＦＩＦＡもＩＯＣもスイスに納税もせず、敷地内ではスイスの法律にも従う義務を免除されているからだ。つまり在外大使館と同様に一種の「治外法権」の特権があるのだ。

まさか……信じられない読者もいることだろう。

実際にＢＩＳ（国際決済銀行）もスイスのバーゼルに本拠地がある。ＢＩＳは「中央銀行のなかの中央銀行」と呼ばれるように、各国の中央銀行に貸付や決済を行う重要な金融機関で、国際金融システムの中核を担っている。もともとは第１次世界大戦で敗戦国となったドイツの賠償金を徴収して戦勝国に分配する目的で設立されている。

私はよく「ＢＩＳの本部に電話して、ＢＩＳは何に所属した機関なのか聞いてみればいい」と話すことがある。電話口に出たＢＩＳの職員はきっと「どこにも所属していない」というだろう。彼らはスイスに納税するわけでもなければ、やはり施設内でスイスの法律に従う義務も免除されている。治外法権が認められているのだ。また、国連管轄の国際機関でもない。ゆえにＢＩＳの運営は極秘で内部のごく一部の人間しか把握していない。ＢＩＳが調達する膨大な資金に対してスイス当局はもとより、あらゆる司法組織はタッチできない。そんな「謎めいた」機関が各国の中央銀行の決済を行っているのだ。

その「ありえない」状態をつくりだしている要因は「スイス」にある。

日本人のスイスに対するイメージは、時計などの精密機器に強い、国民皆兵の永世中立国、顧客情報を漏らさない銀行、国際機関の本拠地といったところだろう。

間違いではないが、重要な視点が抜け落ちている。

スイスとは世界中の余剰資金が最終的に集まる場所であり、そのカネを特権階級に分配する「国際金融センター」というのが実態なのだ。

これはスイスの歴史に深くかかわっている。それについては前出の拙著『日本はなぜ、アメリカに金を盗まれるのか』から一部引用しよう。

国際金融資本の潮流となるのが、「テンプル騎士団」である。

１３０７年10月13日の金曜日、フランス王フィリップ４世が数百名にのぼるテンプル騎士団の指導者や騎士たちに不当な罪を着せ、弾圧のために一斉逮捕を敢行した。

これが有名な「13日の金曜日」の由来となる。この時代、テンプル騎士団は十字軍の遠征における聖地防衛や巡礼者の保護を担う騎士修道会として王族や貴族階級、入会者などから多くの寄付を受け、その莫大な資産を運用して独自の金融システムを確立していた。先ほどから説明してきた他人の財産を預かり、その預かり証を発行する。とくにテンプル騎士団はヨーロッパ内陸部からイタリア、さらにエルサレムまでのルートすべてに「窓口」を持っていた。テンプル騎士団発行の「預かり証」があれば、その窓口で現地通貨に換金したり、物資と交換できるシステムを構築していた。テンプル騎士団が銀行業の元祖と呼ばれるゆえんである。しかも武装しているために安全性も高かった。

14世紀は、ヨーロッパよりイスラム世界のほうが発展していた。十字軍遠征は、キリスト教の布教をお題目にしていたが、豊かな先進国だったイスラム圏の富を収奪した側面も強い。

その富は、当然、テンプル騎士団へと集積する。先のフィリップ4世のテンプル騎士団襲撃は、その富を狙ったものだった。彼らから多くの資産を奪い、さらに異端審問による拷問で、隠し財産の場所を白状させようとした。それでもすべての資産を見つけることはできなかった。

そのテンプル騎士団の「隠し財産」は、弾圧から免れたメンバーによってスイスへと運ばれていた。スイスは山々に囲まれていて、軍隊が外から攻め込みにくい地理的条件が備わっている。ここを拠点に新しい組織を立ち上げる。それが薔薇《ばら》十字団《じゅうじだん》(Rosicrucian)である。以後、スイスはすべての戦に対して中立的な立場をとる「永世中立国」となっていく。こうしてスイスは金融、兵器生産、傭兵が三大産業となる。自国領内に「兵士」を集結させ、その武器も作り、金融資産を守る。

第2次世界大戦でもスイスは中立を守ったが、ドイツ空軍機が国境を越えてくれば、問答無用に攻撃する。連合軍側が国境を越えても同様に攻撃した。ある意味、枢軸国と連合国相手に戦争をしていた。それがスイスの永世中立であり、金融センターとしての信用に繫《つな》がっている。

テンプル騎士団によって金融特区となったスイスは、14世紀に入ると東西貿易で金を溜《た》め込んでいたアジアの王族たちから金を借りるようになっていく。これが21世紀の現在まで続いており、国際金融資本の中心地となっている理由なのだ。アジア王族の金はスイスを経由してヨーロッパに環流しているわけだ。

12世紀のベネチア、14世紀のスイスによって国際金融資本の母胎は形成された。

（同書122〜124ページ）

寡頭金融資本にとってスイスは最も重要なセンターということがわかるだろう。ここに金（ゴールド）を持ち込み、あるいはゴールドを借りて重要な決済をする。そのための舞台装置となっているのが「スイス」なのだ。ＢＩＳがどこにも所属していないのはそのためなのである。

話をＦＩＦＡとＩＯＣに戻そう。

ＦＩＦＡやＩＯＣがスイスに根拠地を持ち、治外法権の特権を与えられているのは偶然ではない。ＢＩＳと同様に、やはり世界中の資金を回収し、それをスイスの金融センターを通じて特権階級に分配してきたからなのである。

だからこそ、東京オリンピックを１０００億円で買った日本政府はＩＯＣにカネを渡し、

IOCはスイスの金融システムを通じて分配する。その意味でFIFAの贈収賄事件はスイスを通さずにアメリカの金融機関を使うという「違法行為」をした結果、逮捕にまでつながったといえるだろう。逮捕された連中は親分たちのカネをちょろまかしたから罰せられたわけだ。

植民地スポーツだった格闘技の闇

重要なのは、スイスに根拠地を置けるぐらいにFIFAとIOCが大切にされているという点であろう。扱い自体はBISと一緒なのだ。

ここに「スポーツ」に隠された闇がある。

それだけ大衆誘導や世論操作のために価値があった何よりの証拠だろう。

近代スポーツの発祥は17世紀のイギリスで、イギリスが「太陽の沈まぬ帝国」となっていく過程で世界中に広がっていく。

その代表が「ボクシング」と「レスリング」であろう。この二つの種目は起源こそ古代ギリシャ・ローマ時代までさかのぼる。しかし、近代スポーツにしたのはイギリスなのだ。

それには理由がある。

植民地スポーツなのである。

たとえばイギリスの武装商船がアフリカやアジアの各地区を制圧する。植民地支配をスムーズにするにはイギリス人は優秀であり、有色人種は劣っていると徹底的に意識に刷り込む必要がある。ようするにサイオプスである。その道具（ツール）として利用してきたのがボクシングとレスリングなのだ。

ボクシングならば原地住民のなかで最も強い男をリングに上げ、「拳だけ使って殴り合う」というルールで試合をする。ボクシングは単純な「殴り合い」ではなく高度な専門技術を持った競技だ。訓練を受けていない素人はボコボコにされる。

レスリングも同様だ。イギリスには「ランカシャー・スタイル」と呼ばれる関節技主体のレスリングが発達した。プロレスの土台となった「キャッチ・アズ・キャッチ・キャン」というらしい。今度は「殴る以外ならすべてＯＫ」というルールでやる。そうして有色人種の相手選手に関節技をキメて女のような悲鳴を上げさせ、ときには骨をへし折ってしまう。

いずれにせよ地元で最強と評価されていた腕自慢がイギリス人になすすべもなく叩きの

めされるのだ。そのショックはすさまじいものとなろう。相手の戦意を挫き、反抗する意識を萎えさせてしまうわけだ。

こうした植民地スポーツは、その後、別の形をたどって発展する。

ボクシングでいうならば興行として最初に成功するのは宗主国イギリス対独立した元植民地のアメリカだった。じつにわかりやすい構図だろう。アメリカでボクシングが人気なのはイギリス人を叩きのめしたからなのだ。その後、ボクシングはアメリカにおいて白人対黒人、アメリカ対アメリカの植民地、黒人対そのほかのマイノリティといった構図で人気を獲得していく。いわば人種差別を煽ることで莫大なカネを生み出してきたのだ。

２０１５年2月に行われた「メイウェザー対バッキャオ戦」の興行収益はなんと６００ミリオン・ドル、日本円にして７００億円という莫大な金額となっている。よくいえば多民族国家アメリカの一種のガス抜きにもなっているのだろう。

レスリングはその後、プロレスへと発展。こちらも植民地支配の「ガス抜き」という役割を果たしてきた。とくに戦後の日本でプロ野球以上の人気を集めたのは、正義のヒーローの日本人レスラー対悪の白人レスラーという構図でGHQによる占領のウサを晴らしたからであろう。逆にアメリカではこの構図は反対となる。「卑怯《ひきょう》なジャップレスラー」

を叩きのめす「正義のアメリカン」となる。

戦後の日本でプロレスが大ブームになったのは偶然ではない。それをしかけたのは読売《よみうり》グループ総帥の正力松太郎《しょうりきまつたろう》だからである。正力はA級戦犯として巣鴨《すがも》プリズンに収監されたあと、CIAのエージェントとなる密約で放免になった。おそらく独立した日本でこれ以上の反米感情が高まらないようにプロレスでガス抜きをするように命じられたのだろう。プロレスもまた、ジャパン・ハンドラーによる「3S政策」の一環だったのである。

FIFAとIOCをつくった闇の勢力

さて、植民地スポーツ以後、19世紀にかけてスポーツには大きな潮流が二つできる。ひとつはアマチュアスポーツで、こちらはオリンピックとなってIOCが管轄するようになる。もうひとつは労働者階級から登場したサッカーで、こちらはプロスポーツとしてFIFAが管轄するようになる。

近代オリンピックは1896年にフランス人貴族ピエール・ド・クーベルタン男爵の提唱でスタートする。その目的はスポーツの祭典にあったわけではない。クーベルタン男爵家はフィレンツェの「メディチ家」からフランスに移住した一族で、当時はフランス東インド会社、ようするに植民地経営企業の大株主だった。クーベルタンだけでなく初期のＩＯＣの主要メンバーは基本的に欧米の植民地経営企業や利権を持った金融資本家たちにかぎられていた。つまり、４年に一度、そうした利権者や資本家が世界中の植民地の利権分配について「秘密の会合」を開くのがオリンピック開催の目的なのである。

長らくオリンピックはアマチュア選手しか出場できなかった。当然、オリンピックに出場するには金持ちの庇護《ひご》が前提となる。そうした「子飼い」の選手を鑑賞しながら、その選手の国の利権を売り買いするのが当初のオリンピックの実態だった。ＩＯＣがスイスに本拠地を構えることを許されたのはそのためなのである。

オリンピックは第２次世界大戦前にはナチス・ドイツの「優生学」のプロパガンダとなったが、戦後は完全にアメリカの利権となる。

そのアメリカはオリンピックを別の目的で利用し始める。米ソ冷戦下で東西対決を煽ることで競技の高度化を推し進めていき、メダル獲得のためならば多少の犠牲はやむをえないというムードと国民のコンセンサスをつくりだした。素晴らしい選手を見て感動するのではなく、国家や民族の威信をかけて「勝つこと」を最大の目的にすり替えたのだ。

結果、どうなったのか。

そう、ドーピングである。こうしてオリンピックは巨大製薬会社にとってなくてはならない世界最大の「人体実験場」となった。何千人、何万人がドーピングによって命を失っていくのである。

ちなみにオリンピック・ドーピングで最も進んだ医学研究は「アンチエイジング（若返り治療）」である。誰がスポンサーなのか説明するまでもなかろう。

スパイ活動の温床としてのサッカー

では、サッカーはどうなのか。

まず理解すべきは、ＦＩＦＡは「Ｗ杯サッカー」を開催するために設立された組織ではないという点だ。事実、１９０４年にオランダ、スイス、スウェーデン、スペイン、ドイツ、デンマーク、フランス、ベルギーの８カ国が中心となってできた（翌１９０５年にイギリスも参加）。第１回Ｗ杯ウルグアイ大会が開催されるのは26年後の１９３０年。Ｗ杯のためにつくられた組織ではないことが理解できよう。

では、なんのために設立されたのか。

簡単である。スパイ活動の補助のためなのだ。

FIFAが設立した20世紀初頭はヨーロッパ各国でサッカーリーグが始まり、代表戦や各国クラブの交流戦が始まっていた時期にあたる。

折しも第1次世界大戦前夜である。複雑にからみ合う欧州各国の政治情勢のなかで強豪クラブが出場する国際大会は、格好の敵国偵察や極秘交渉の隠れ蓑になっていた。

もうおわかりだろう。戦争を回避するために欧州の各政府の要請で「国際大会」を開催する。それが本来のFIFA設立の目的なのだ。治外法権という特権が認められてきたのはそのためといっていい。

FIFAの国際謀略のアシスト組織という性格は、米ソ冷戦でいっそう強まる。

その典型的なクラブが「ディナモ・キエフ」(現ウクライナ)であろう。旧ソ連時代に東側最強のクラブだったディナモ・キエフはチャンピオンズリーグに出場することで西側の大都市に堂々と入国できた。というより、そのためにKGB(現FSB)が総力を挙げて強豪クラブにしてきたのだ。ちなみに旧東側で「ディナモ(ダイナモ、発電機)」とつくクラブはKGBや東側諸国の秘密警察が運営しているぐらいだ。

このディナモ・キエフは、冷戦終結後はウクライナ政府の要請で核開発技術や旧ソ連の軍事技術を他国に売却する武器商社として活動していた。ウクライナが建造した空母「ヴァリヤーグ／遼寧《りょうねい》」の中国への売却を仲介したともいわれているのだ。

では、西側諸国の強豪クラブの場合はどうか。

東側へのスパイ活動より、こちらはテロや犯罪に関与することが増えていった。

本田圭佑《ほんだけいすけ》という有名日本人選手が所属しているＡＣミランはマフィアとの関係が何度も取り沙汰されたシルヴィオ・ベルルスコーニ元首相が長年経営していた。これもマフィアの意向を受けて麻薬取引、人身売買、武器輸出などの南米ルートの開拓に利用するためだといわれている。

ＡＣミランにかぎらず、欧州の強豪クラブは選手の移籍や対外試合といえば南米各国を自由に行き来でき、極秘交渉やルートづくりにうってつけとなる。結果、欧州の強豪クラブはこうした犯罪組織と密接な関係が生まれ、実質的にマフィアが経営することもめずらしくなくなっているのだ。

サッカーは国際謀略やスパイ活動、非合法活動、犯罪幇助《ほうじょ》といった、ありとあらゆるイリーガル（非合法）な活動の隠れ蓑という役割があるのだ。というより、その役割を果たすべく制度設計されたのがサッカーであり、それを統括するために設立されたのがＦＩＦＡという組織なのだ。

サッカーが引き起こした戦争

サッカーというスポーツが持つ役割はそれだけではない。最も重要な役割は大衆操作なのだ。ここでいう大衆操作とは、民族、宗派、階級、風俗、民族、地域といった対立を徹底的に煽って互いに憎み合わせることである。

まさかと思う人もいるだろう。

残念ながら「サッカー」は人を憎み合わせるために権力者たちによって世界的な人気スポーツに仕立てられたことを、私たちはきちんと理解すべきだろう。

サッカーの特徴は足だけでプレーすることと、極端なまでのロースコアゲームにある。足だけでプレーすればミスは増えやすい。それで得点が入りにくいとなれば当然、大番狂わせ、英語ならば「ビックアップセット」「ジャイアントキリング（大物食い）」があらゆる球技のなかで最も起こりやすくなる。

結果、サッカーというスポーツは「好きなチーム」を応援する以上に「嫌いなチーム」にひと泡吹かせる、いやがらせをするという魅力が出てくる。

実際に格下の弱いチームでも徹底的に守り抜けば引き分けに持ち込める。これに審判を買収したりホームの利点を徹底して悪用したりすれば弱小チームでも十分に格上チームから勝ち点を奪える。つまり、嫌いなクラブや敵代表にいやがらせができるのだ。もっといえば嫌いな相手チームにいやがらせをして「ざまあみろ」と溜飲《りゅういん》を下げるところにサッカーというスポーツの最大の魅力があるのだ。ようは味方チームを愛するのではなく、それ以上の感情で敵を憎む傾向が強まるのだ。

この世界には宗教や宗派、民族、地域、階層から生まれるさまざまな格差や対立が当たり前のように存在している。世界各国のサッカーリーグではそうした特定の集団を象徴するクラブをつくることで敵を激しく憎む熱狂的なサポーターを生み出してきた。

その典型がセルティックとレンジャーズ（ともにスコットランド）であろう。中村《なかむら》俊輔《しゅんすけ》という選手が所属していたセルティックはアイルランド系のカソリック信者かつホワイトカラー（中産階級）が母胎となっている。同じグラスゴーのレンジャーズというクラブは逆にイギリス移民のプロテスタント系の労働者階級がファンとなっている。この両クラブが対戦する試合は「オールドファーム・ダービー」といって非常に盛り上がる。

しかし、盛り上がれば盛り上がるほど、当たり前だがグラスゴーに燻《くすぶ》っている対立の火種は大きくなる。それだけではなく、アイルランド問題とも深くかかわっている。

周知のとおり、イギリス領北アイルランドをめぐってイギリスとアイルランドは長年争ってきた。北アイルランドにはイギリスから移住したプロテスタント系の住民が多数で、アイルランド本国はカソリック教徒が多い。つまり、レンジャーズは北アイルランドの住民のシンボルであり、セルティックはアイルランド本土のシンボルとなって、この両クラブの試合は一種の代理戦争となっているのだ。

実際にセルティックが負ければＩＲＡ（アイルランド解放軍）が、レンジャーズが負ければアルスター防衛同盟が住民に対してテロをしかけるケースも決してめずらしくないのだ。言い換えればセルティックとレンジャーズが激しく争えば争うほど、ダービーが盛り上がれば盛り上がるほど、ＩＲＡとアルスター防衛同盟のテロもまたいっそう激化する。北アイルランド問題は永久に解決しなくなってしまうのだ。

サッカーが原因で本当に戦争になることもある。

先に紹介したユーゴ内戦もサッカーの試合がきっかけだった。

1990年5月13日にユーゴスラビア・リーグでディナモ・ザグレブとレッドスター・ベオグラードが対戦した。ディナモ・ザグレブはクロアチアを代表する強豪クラブで、レッドスターはセルビア最強のクラブだった。この時期はただでさえクロアチアとセルビアは分離独立をめぐって緊張感が高まっていた。そこに両民族が熱狂するクラブが対戦するのだ。スタジアムは異常な熱狂に包まれる。もちろん警備は厳重だったが、クロアチアで開催したにもかかわらず警備員の大半がセルビア人だったことに爆発したクロアチア・サポーターは、ついにセルビア人サポーターを襲撃して大暴動へと発展する。

とくにセルビア人警備隊による鎮圧行動でクロアチア人に多数の犠牲者が出たことで、クロアチアは「戦争も辞さず」と怒り狂い、翌1991年に戦争に突入した。

本書編集部の資料によれば、ディナモ・ザグレブには三浦知良《みうらかずよし》選手が、レッドスターには鈴木《すずき》隆行《たかゆき》選手が所属した経験があり、日本でも有名なクラブという。

内戦化するサッカー・スペインリーグ

いま現在、内戦に向けて加速しているのがスペインであろう。

スペインは国家分裂の危機に瀕《ひん》しているが、それを助長してきたのがスペイン自慢のサッカーリーグだ。

もともとスペインは複雑な諸民族や諸文化が入り交じって深刻な地域対立を抱え込んでいた。バスク人の選手で固めた「アスレチックス・ビルバオ」など、アトレチコというスペイン語すら使わないぐらいスペインを嫌っている。

その地域対立の象徴となっているのが分離独立派の「バルセロナ」（カタルーニャ）と統一派の「レアル・マドリッド」（国王派）の試合、「クラシコ」と呼ばれるダービーだ。たしかにバルサ対レアル戦はスペインのみならず世界的に盛り上がる。しかし、盛り上がれば盛り上がるほどスペイン国民たちの「分離」と「統一」の感情と憎悪は深く、強くなっている。

1990年代以降、今日《こんにち》までスペインリーグは欧州一のリーグと人気が高かった。それはクラブごとの「憎悪」で好ゲームが増えやすいからであろう。しかし、互いに憎み合って試合をすれば、敵を倒せば盛り上がるし、負ければいっそう憎しみが増す。憎しみが増せば、倒せないときにはあらゆる邪魔をするようになる。それがまた憎しみを増長して試合を盛り上げる。この繰り返しのなかでスペインの内部対立は手のほどこしようがないほど悪化してしまったのだ。

サッカーの試合で「フーリガン」と呼ばれる悪質なファンが暴れ回り、ときには暴動まで起こすが、これもサッカーが人々の憎しみを煽り立てるスポーツだからであろう。国家レベルでいえば両国民の感情を悪化させる。国内では階級格差、宗派、地域、民族といった対立の火種を大きくする。それを権力者たちは巧みに利用し、自分たちの利害へと結びつけている。

サイオプスにとって、これほど格好の道具（ツール）はないといっていい。

国家同士、国民同士、市民同士を闘犬のように咬《か》ませ合わせて利益を得ている連中のトップに君臨しているのがＦＩＦＡなのだ。

清く正しい組織と考えるほうが間違っていよう。

国民の団結を強めるアメリカンスポーツ

アマチュアのオリンピック、プロスポーツのサッカー、それ以外にもうひとつ、独自に発展したスポーツがある。

アメリカンスポーツだ。

アメリカのスポーツは、ある意味でサッカーとは正反対に制度設計されている。他民族との融和が目的となっているのだ。

アメリカンスポーツの代表といえばベースボール（野球）、バスケットボール、アメリカン・フットボール、アイスホッケーであろう。アメリカでは人気のプロスポーツだが、他国ではそれほど人気はない。野球でいえば日本と一部アジア諸国、近年になってようやくバスケットボールが世界的に人気になりつつある程度で、逆にアメリカでは世界的な人気のあるサッカーはマイナースポーツの扱いを受けている。

それには理由がある。

アメリカは移民によってできた国であり、先住民の多くもヨーロッパから持ち込まれた疫病によって亡くなっていた関係で、建国初期の時代はほとんどの都市ができたばかりの人工都市だった。当然、ヨーロッパ各国と違って、その土地ならではの伝統的な文化はなく、また移民たちはそれぞれの集団で固まって閉鎖的になりやすかった。

ようするに「アメリカ人」という意識が希薄だったのだ。アメリカ国民の自覚がなければ、ただでさえできたばかりの国家である。国として機能しなくなる。

そこでアメリカ政府が「アメリカ人」というアイデンティティをつくるために導入されたのが、先のアメリカ独自のスポーツだったのである。

移民たちにすれば、ヨーロッパとは違う独自のスポーツがあり、それを楽しむ、応援するのが「アメリカ人」という認識になる。だからヨーロッパと同じ競技や方法をとらなかったのだ。これはスポーツにかぎらない。オペラではなくミュージカルが発展したのも同じ理由だ。20世紀になってハリウッドを中心とした映画産業に力を入れたのも「アメリカ人」らしさと「アメリカ人の価値観」を植えつけるのが目的だった。

そう考えれば、サッカーが不人気だったのも納得がいくだろう。サッカーは地域対立や民族対立を煽ることで人気を集める。そんなことを多国籍の移民国家でやれば国家存亡の危機となりかねない。

実際にアメリカンスポーツは各州の大学が中心になったNCAA（全米大学体育協会）と各競技のプロリーグがあるが、いずれも各州の代表チームの対抗戦としている。サッカーの場合は強さに準じて1部、2部とカテゴリーを分けるのが主流で、いわば資本主義的な弱肉強食のシステムを取っている。しかし、アメリカでは各州の代表チームの戦力を均等化して平等に扱う、いわば共産主義的なシステムになっている。

ゆえに各州在住の市民は自分たちの代表チームを素直に応援できる。アメリカならではの独自の競技、ルール、システムのスポーツを応援することで移民たちは自然と「アメリカ市民」になっていくわけだ。

日本も野球や大学スポーツなどアメリカンスポーツを丸ごと導入している。日本に近代スポーツが入ってきたのは幕末から明治《めいじ》期の19世紀だ。とくに維新後の日本はすべての国民に「日本国民」という自覚を与えなければならなかった。そこでアメリカンスポーツの利点を理解し、野球を花形の大学スポーツに据えたのだ。「早慶戦《そうけいせん》」や「甲子園《こうしえん》」が国民最大の娯楽にすることで維新後の「新しい日本人」をつくってきたわけだ。

維新後に地域対立を煽るサッカーリーグができていたら、日本も現在のスペインのようになっていたことだろう。たしかに会津《あいづ》を中心とした旧幕臣クラブと薩長土肥《さっちょうどひ》の明治政府クラブの「戊辰《ぼしん》ダービー」は盛り上がること間違いない。しかし、一方で深刻な地域対立を助長して、へたをすれば内乱へと発展していたかもしれない。

逆にアメリカンスポーツはじつに平和的であろう。たとえば大学野球の名門リーグに「六大学野球」がある。早稲田《わせだ》大学や法政《ほうせい》大学などプロ野球予備軍のようなチームのリーグに「東大」が所属している。東大の野球部は東大生のみで構成されているので、そのへんの高校の野球部より弱い。六大学リーグでも「1勝」するだけでニュースになるほどだ。しかし、東大がどんなに弱かろうとリーグから外されることはない。

共存共栄でケンカをせずに認め合おう、そうしたメッセージが六大学野球にはあり、名門リーグを通じて日本人に伝えてきた証拠であろう。

ともあれ、スポーツが持っている意味や果たしてきた役割が心理戦「サイオプス」において、いかに重要であるかが理解できるだろう。

多くの人々を熱狂させるスポーツは、つねにサイオプスのターゲットなのである。

「ウルトラマン」はサイオプスの一環だった

本章の最初に述べたように、大衆操作はスポーツにかぎったことではない。「4S」として紹介した「スポーツ」「セックス」「スクリーン」「ショービズ（芸能）」はすべて洗脳ツールとして利用されていた。今回はあえてスポーツを取り上げたが、まったく同じ分量でほかの3Sを語るのはそれほど難しくはない。なぜなら、人々の愛するもの、熱狂するものには必ずサイオプスがあるからである。

最後にほかの3Sのネタをいくつか紹介しておこう。

昨今、アメリカでは異常な頻度でアメリカンヒーロー映画が製作されている。『スーパーマン』『バットマン』『スパイダーマン』といったDCコミック系に、マーベル・コミック系では『X-MEN』『キャプテン・アメリカ』『超人ハルク』『アイアンマン』などだ。

これらアメリカン・コミックスのヒーロー映画の製作ラッシュが起こったのは、ちょうどパパ・ブッシュ政権だった1989年の湾岸戦争の時期と重なり合う。

以後、アメリカが戦争をするたびに世界中のスクリーンでアメリカンヒーローたちが大活躍して世界の危機を救い続けている。

これを偶然、たまたま大ヒットしたからだ、などと素直に受け止める読者はいまい。

私がアメリカンヒーロー以上に子どものころに大好きだったのが、じつは『ウルトラマン』である。3歳から8歳ぐらいまでメキシコで暮らしていたが、メキシコでは輸入したスペイン語版の『ウルトラマン』をしょっちゅう放送していた。それを夢中になって見ていたので、いまでも「ジュワッチ」というポーズができるぐらいだ。

本書編集部が用意した資料によれば、ウルトラマンが日本の子どもたちのヒーローとなったのは1966年。特撮ヒーローとして爆発的なブームを巻き起こし、現在にいたるまで高い人気を誇っている。

ウルトラマンは「在日米軍」のシンボルとして描かれていた。強くて怖い巨大怪獣がやってきて日本の各都市で破壊のかぎりを尽くす。それに対抗する自衛隊や地球防衛軍は残念ながら「やられ役」で、戦闘機や戦車は次々と壊されていく。市民は絶望する。

そこに颯爽《さっそう》と登場するのがウルトラマンである。腕から出る破壊光線という超兵器をもって、あっという間に怪獣を撃破する。

ウルトラマンが放送されていた時期は安保条約をめぐって学生運動が最も激化していた。怪獣は「共産主義勢力」、つまりソ連と中国の象徴だった。自衛隊は「怪獣」にはまったく歯が立たず、日本は壊滅の危機を迎える。その怪獣を倒せるのは「核兵器」を持った在日米軍だけ……そうシンボライズした子ども向け特撮ドラマが毎週放送されたのだ。どれほど当時の子どもたちが熱狂したか、平均視聴率39％、最高43％。夕方からの再放送ですら18％以上あったという。

ウルトラマンを見て育った子どもたちが大学生となった1980年代に学生運動と安保闘争はものの見事に沈静化した。在日米軍に対して「日本を守ってくれる要《かなめ》」と信頼する人のほうが断然多いぐらいだろう。

ウルトラマンは破格といえる予算をかけて、じつに丁寧につくられていた。毎週30分の子ども向け番組で毎回各都市をモチーフにした精巧なミニチュアセットをつくり、それを惜しみなく爆破していた。怪獣の着ぐるみも必ず新造していた。番組が大ヒットしたことで予算の問題が議題にのぼることはない。何十倍も儲《もう》かったのだろうから。

だが、失敗していれば製作会社だった円谷《つぶらや》プロダクションは即座に倒産していただろうし、放送していたTBSも大きなダメージを被ったことだろう。

本当に知りたい情報は与えられず、ある特定のイメージだけが頭に刷り込まれていき、気がつくと以前とはまったく違う考え方を持つようになっている……。

これが「サイオプス」なのである。

ギリシャ危機などの影響で大幅に下落した日経平均株価を示すボード。国民はギリシャだけが悪いという印象をメディアに植えつけられた。

第6章 ギリシャ危機と中国株暴落

——「経済情報戦」のカラクリ

ギリシャは情報戦の「被害者」にすぎない

2015年7月は世界を揺るがす経済ニュースが立て続けに起こった。

ギリシャのデフォルト危機再燃と、上海《シャンハイ》株式市場の乱高下である。

一部の報道ではギリシャ危機の影響によって上海株式市場が大暴落したかのように報じていたが、この二つの現象は直接は関係していない。

私のもとにはこの件に関して多くの情報が入ってきている。そうした最新トピックスを交えながら解説してこう。

まず、ギリシャ危機。経緯を簡単に説明すれば、事実上、財政破綻したギリシャは2015年6月30日までにIMF（国際通貨基金）に20億5000万ユーロを、さらにECB（欧州中央銀行）にギリシャ国債償還分約42億ユーロを支払う義務があった。その資金調達ができず、企業でいえば「不渡り」を出した。当然、このままではデフォルトとなる。欧州各国とIMFは支援を継続するのか、それとも再建を断念して見捨てるのか……。

その瀬戸際に立たされたギリシャに世界中の注目が集まったわけだ。

ＥＵから72億ユーロ（約９７００億円）のつなぎ融資を受け、同年7月20日にギリシャは延滞していた債務を支払った。ようするに問題を先送りにしたというのが実情だろう。国債発行で莫大な財政赤字をつくり、それでいて借金も返さず、「もっとカネをよこせ。よこさなければ、このまま破産するぞ」……そんな開き直った態度のギリシャに怒っている人も多いだろう。

だが、これもサイオプスなのだ。安易に騙されてはいけない。ギリシャは加害者というより「被害者」の側面が強いのだ。それが問題をややこしくしていることを理解してほしい。

事実、ギリシャ議会が創設した「公的債務真実委員会」の調査によれば、ギリシャの「公的債務」とされる大部分は国際銀行団が不当に、もしくは違法にギリシャ政府に引き受けさせたもので、「法外な金利」や「金利支払いのための新たな借款」などの循環のなかでふくれあがった「詐欺」だったことが判明し、その事実はギリシャ国民にも伝えられているのだ。当然、ギリシャ国民は「そんな詐欺まがいで押しつけられた借金をわれわれが働いて返す必要はない」と激怒する。

その公的債務真実委員会の報告によれば、相当悪質な手口でギリシャ政府が国際銀行団やＩＭＦから膨大な債務を押しつけられた具体的な経緯も明らかになっている。まずは公共施設に関する統計を捏造《ねつぞう》する（たとえば病院の赤字など）。

さらに２０１０年にＥＵ法の第１２３条に違反した国際銀行法が適用されない「欧州金融安定化ファシリティー（ＥＦＳＦ、European Financial Stability Facility）」というペーパーカンパニーを通じてギリシャなどに総額７７８０億ユーロのローン融資を保証する違法な組織をつくっている。ようは借金をギリシャ政府といった公的機関に「付け替える」ための舞台装置と思えばいい。

結果、ギリシャはヨーロッパの金融機関の「不良債権」を押しつけられてしまった。その証拠にギリシャ銀行は帳簿上に１３９０億ユーロの資産を保有しているが、帳簿外には２０５０億ユーロの不良債権があることが発覚している。

ＭＩ５（イギリス保安局）筋によれば、この不法な操作を主導していたのは「元ゴールドマン・サックスの幹部であり、いまは欧州中央銀行の総裁を務めるマリオ・ドラギ(Mario Draghi）だ」と証言していた。ギリシャ国民が反発するのも無理はなかろう。

欧米金融資本の食い物にされたギリシャ

もっといえば、ギリシャは欧米の金融資本に二重に利用されてきた。あとで説明するが、1999年から始まったアメリカ初の「投機バブル」の賭けの対象としてさんざん食い物にされてきた。簡単にいえば、ギリシャに「限度額なし」のクレジットカードを渡してどんどん浪費させる。それで儲けてきたのだ。

金融において優良な「借金」は財産、ようするに「貯金」としてカウントされる。たとえば公務員が5000万円で20年の住宅ローンを組んだとしよう。この「借金」はまず完済されよう。返済不能となっても住宅を差し押さえることができる。きちんとした労働者による住宅ローンというものは、20年分の貯金を前渡しで「5000万円」をポンと銀行に預けたようなもの。金融機関にすれば、じつにありがたいものなのだ。

さて、2004年のアテネオリンピックなどでギリシャが重ねてきた借金は相当デタラメだった。本来ならば「不良債権」となる。ところが、それを違法に操作して優良債権に見せかければ関連の株式は軒並み上昇する。投機マネーで荒稼ぎできるのだ。

そして2008年のリーマン・ショックでこの投機バブルが崩壊する。すると今度はギリシャを不良債権を押しつける「ゴミ箱」として利用する。こちらもあとで説明するが、日本のバブル崩壊後に大手都市銀行の不良債権処理に利用された「住専（ノンバンク）」と同じ扱いをしたわけだ。いまのギリシャ国民は住専の社員に「一生タダ同然で働け」と負債の返済を求められているようなもの。彼らが怒るのも無理はないのだ。

問題の本質は、アメリカ発の投機バブルとその崩壊にある。

アメリカはリーマン・ショックの処理として公的資金を投入し、アメリカの金融機関を救済した。その方法がまたしても「詐欺」なのである。

重要なので前出の拙著『日本はなぜ、アメリカに金を盗まれるのか』より引用したい。


2012年2月16日、イギリス議会でロード・ブラックヒース（Lord Blackheath）というイギリス上院議員が、こんな証言をしたのだ。

彼は、FRB（米連銀）の前議長アラン・グリーンスパン、ティモシー・ガイトナー米財務長官、ホリグチ・ユウスケという日本人などが関与して、ヨハネス・リアディ

（Yohannes Riyadi）という「東南アジアの王室」関係者から15兆ドル分の金（ゴールド）に裏付けられた債券を詐欺的にだまし取っていた経緯について、実名を挙げて詳細に暴露したのだ。

その証言の内訳は、以下のようになる。

リーマン・ショック後、ドルの信用は地の底に落ちてしまった。要するに紙くずとなったのだ。デリバティブなどで膨大に膨れあがった「ドル」の信用を取り戻すためにＦＲＢは、ヨハネス・リアディというアジアの金保有者から、約７００トンの金を５億ドルで買い取った。その金をベースにしてレバレッジを１００倍かけて、実に75万トン分の金裏付け債券を発行、それをもって15兆ドル（１５００兆円）のドルの信用を取り戻すことでリーマン・ショック後の混乱を処理したというのだ。

ここで注目してほしいのは、７００トンのリアルな金をベースにして、75万トンの金が幻想として生じた、というところである。

金の総産出量は14万トンである。その５倍以上の金が２００８年以降の世界では「存在する」ことになったのだ。逆にいえば、存在していなければドルを基軸通貨とした通貨発行システム自体が崩壊する。

莫大な「裏の金」というストーリーは、こうして生まれていたのだ。

このブラックヒースの発言はイギリス議会の議事録などでも確認することができる。興味のある人はＵＲＬを紹介するので、自身の目で確認してほしい（https://www.youtube.com/watch?v=eL5hqvTWkYg）

（同書60～61ページ）

じつにとんでもない話だろう。現実に存在しない「金（ゴールド）」を担保にでっちあげた15兆ドルの「ファンタジー・マネー」である。じつは、その多くがヨーロッパの金融機関の救済のためにも使われていたことがわかっている。

とはいえ、そんな「詐欺」行為でどうにかなる状況ではない。その証拠に２０１５年６月29日にアメリカ自治領のプエルトリコが「７００億ドル（約８兆６０００億円）にのぼる負債を返済できない」として事実上の「デフォルト」を宣言。いろいろなところですでにほころびが出ている。ギリシャ問題もその「ほころび」のひとつにすぎないのだ。

2015年「中国株大暴落」の真相

では、2015年7月8日に起こった「上海株大暴落」はどうなのか。

この大暴落の前から、中国株式相場は3週間で時価総額3兆2000億ドル（約392兆円）を失っている。

こちらも信頼のおける複数の情報源によると、同年7月前後に中国共産党、ロシア政府、アメリカ政府が古い巨額債券の換金をそれぞれ試みていたのだが、軒並み却下されたというのだ。

この古い巨額債券問題は複雑なので本書ではくわしい説明はしない。ようは第2次世界大戦の混乱のなかで発行した債券と思ってほしい。

これを換金できるのは世界各国の大金持ちと、大量の金（ゴールド）を保有するスイスを拠点にしたアジアとヨーロッパの王族（貴族）だけとなる。

中国は株式の下落傾向を受けて当面の資金調達を図ったのだろうが、実体経済自体が下降線をたどっていたことから、スイスの金融資本家たちはこれを拒絶。それが要因となって「中国株暴落が起こった」とアジアの結社筋は伝えている。

ただし、中国株暴落自体はそれほど悪いことではない。中国経済が「経済原則」に則《のっと》って動いている証拠となるからである。

私は何度も中国共産党の幹部を取材してきた。彼らが口をそろえるのは、現在の中国経済のモデルが戦後日本の「高度成長」を参考にしてきたという点なのだ。それだけではなく、日本のバブル経済と、その崩壊過程も徹底的にリサーチしていると語っていた。

日本も1955年から1973年までの18年間、年成長率10％以上の高度成長時代があった。そして1973年にオイルショックを受けた大型不況を迎えて安定成長へと切り替えた。高度成長というのは人間でいえば成長期のようなもので、経済活動にブーストがかかる。過剰生産、過剰投資、過剰経営によって環境破壊や経営者のモラルハザードも起きやすくなる。成長した国力にふさわしい産業構造へと再編するためには、いったん大型不況でリセットする必要があるのだ。

今回の上海株式市場の大暴落は「なるべくしてなった」といわざるをえない。このところ中国では国内の多くの個人投資家らが銀行から資金を借り入れて株取引を行っていた。その借金の総額は2640億ドルにも達し、また中国の個人株主は9000万人以上で、共産党員より数がふくれあがっている。そうした個人株主らの投機的な動きで中国株は高騰し、そこで生み出されたバブルは必然的に弾け、株価の大暴落となった。

実際に中国経済は2010年からのわずか3年で20世紀の100年でアメリカが使用したコンクリートと同じ量を消費しているのだ。これだけブーストがかかっていれば、いずれ中国経済はリセッション（景気後退）の局面を迎えることだろう。その結果、大型倒産や大量の失業問題が噴出するだろうが、それは経済大国ならばどの国も経験してきたことであり、これを経ないかぎり真の経済大国にはなれないのだ。

中国政府は難しい舵取《かじと》りを要求されるだろうが、ここをうまく乗り切れば堅実な繁栄時代を築くことができるだろう。

日本の高度成長の裏で行われていたこと

いま現実に起こっている経済問題はただでさえ情報が錯綜《さくそう》しやすい。そのため、サイオプスの格好のターゲットとなる。簡単に操られてしまうのだ。

それを避ける方法として、「正しい状況設定」をして、「正しい情報」を積み重ねていく必要がある。今回のギリシャ問題と中国株暴落を理解するには「日本の経済」のベースに考えていくのが最もわかりやすいだろう。

では、日本の高度成長はどうして起こったのか。

日本型高度成長モデルの条件は二つある。ひとつは貧しい人が大量に存在すること。もうひとつは都心部（市街地）に安価で大量の土地が確保できることなのだ。

戦争に勝ったほかの先進国が日本のような経済成長ができなかったのはそのためであり、いまの日本でもこの条件をそろえることはできない。戦前でも難しいぐらいだ。ところが敗戦によってこの条件がそろった。主だった大都市は焼け野原となり、ＧＨＱの占領政策で財閥が解体され、土地が大量に解放された。そこに敗戦による軍隊の解体で大量かつ貧しい元軍人が街にあふれていた。

日本型高度成長モデルのポイントとなるのが「住宅ローン」である。

一般人にとって最も高価な買い物が住宅だろう。焼け野原になって住む場所もなかったのだから住宅需要は旺盛になる。折しも都市近郊の土地は余っており、比較的安い値段で供給できた。そこで日本の金融機関は20年単位の長期ローンで販売を開始する。

ざっくり計算して高度成長期に「１０００万人が１０００万円の住宅ローン（20年）」

を組んだとしよう。その総額はなんと100兆円に達する。

先ほども説明したように優良な借金は「貯金」＝「資産」となる。つまり、1000万人が金融機関に1000万円の預金をしたのと一緒の価値が出るのだ。そのためにはきちんとローンを支払えることが前提となる。家の価格や給与水準のみならず、当時の企業は年功序列賃金制度と終身雇用を採用していた。住宅ローンが確実に支払えるように、じつは政府が推奨したシステムなのだ。これらによって住宅ローンは優良債権となり、金融資産へと早変わりする。銀行は自己資本10％を基本としている。100兆円の原資があれば1000兆円の融資が行えるのだ！

もうおわかりだろう。敗戦国で焼け野原になり、途上国並みに国力が下がった当時の日本に、じつに1000兆円の「融資枠」が創出されたのである。

ここで経済企画庁（現内閣府）である。

経済企画庁が日本経済の長期計画を練り上げて各省庁に根回ししながら、この1000兆円の使い道を決めていった。

石油や資源を買い、それを加工して商品にする工場をつくる。さらに輸出産業へと成長させていく。同時に戦争で破壊されたインフラを整備する。

いずれにせよ、これほどの住宅の建設ラッシュがあれば雇用維持は難しくない。戦争で焼け出されて家財道具を失った人も多いので日用品の需要も高い。それを製造する中小企業も全国各地に誕生する。さらに「三種の神器」と呼ばれた冷蔵庫、洗濯機、掃除機。続く「新三種の神器（3C）」のカラーテレビ、クーラー、自動車（カー）も堅実なローンとして金融機関の融資枠をどんどん増やしていく。

じつに理にかなった経済モデルであろう。

とはいえ、途上国が中進国へと成長する経済モデルであり、需要が一巡すれば強烈なリセッションを迎える。

ここでも日本の官僚たちは優秀だった。

1973年のオイルショックを奇貨にして途上国モデルから中進国モデルへと切り替え、主力産業も重厚長大（造船、鉄鋼業）から軽薄短小（家電、自動車）へと転換して日本製品を「安かろう、悪かろう」という低価格路線から「高品質、高性能」にすることで経済大国の地位を確実なものとした。

現在の中国経済は、ちょうど日本の1970年初期にあたると思えばいい。

バブルを生み出した日本的経済システム

そして1980年代半ばの1986年に、日本は「プラザ合意」によってバブル期を迎えることになる。

日本がプラザ合意を受け入れざるをえなかったのには理由がある。すでに世界第2位の経済大国になりながら、日本は相も変わらず中進国モデル、つまり輸出依存型の経済モデルを続けていたからである。

輸出産業のために円安に誘導し、さらに物価を上げて賃金も上げず、人件費を圧縮し、それで輸出にブーストをかけていた。ほかの先進国にすれば「十分に大国になりながら、いまだ中進国的なやり口で荒稼ぎしている」「日本は汚い、ずるい」と思ったとしても不思議はない（実際にそう思われていた。ジャパン・バッシングである）。経済大国らしく内需中心の先進国モデルに切り替えるべきという国際世論自体は間違いではない。

ただしプラザ合意の内容に日本の官僚たちは猛烈に反対していた。急激な円高という「劇薬」を使えば日本経済が暴走しかねないからである。

それを日本が受け入れたのは脅されたからだ。

1985年8月12日。ちょうど30年前に悲惨な航空機事故が起こった。日航ジャンボ機墜落「事故」である。周知のとおり、この墜落にはさまざまな疑惑が語られている。最も信憑性の高い説がアメリカ軍による撃墜であり、これをもって日本政府にプラザ合意を受け入れるように脅したといわれているのだ。

予想どおり、急激な円高によって経済官僚たちのコントロールから外れた日本はバブル経済を引き起こす。プラザ合意の内容ではこうなるのは当然だったのだ。

急激な円高に影響を最も受けたのが日本の金融機関だった。ドルベースで見るみるうちに資産が上昇し、何もしないうちに世界トップレベルの「メガバンク」になった。格付けは上昇し、資金調達力が格段に増していく。

銀行マンの「性《さが》」なのだろう。銀行は融資、カネを貸して利子で稼ぐ。銀行にカネがうなっていれば、どうにかしてでもカネを貸したくなる。

ところが主力の輸出産業は円高で苦境に陥り、資金需要はむしろ減っている。

そこで銀行が目をつけたのが企業の「含み資産」だった。

含み資産とは、たとえば1960年代に1億円で購入した本社ビルの地価が10億円になっていたとしよう。当時の日本の法律では時価で評価する必要はなかった。つまり9億円の「含み資産」となる。

また、上場企業の多くはたくさんの他社株式を保有していた。現代のようなグループ会社や関連会社の株ではなく、銀行（メインバンク）の紹介で購入したものなのだ。上場すれば敵対的買収の可能性が出てくる。そこでメインバンクは融資をしている企業が上場した場合に銀行の取引企業に「安定株主」として株を購入してもらうのだ。安定株主は「経営には口出ししない」「勝手に株を売らない」のが条件となる。上場企業にすればありがたい存在なのだ。こうして企業は大量の株式を保有することになる。

地価にせよ、株式にせよ、戦後40年間は一貫してインフレ傾向にあったのだから、時価は何十倍にもなっている。上場企業の大半は何十億円もの「含み資産」を持っていた。

銀行はその含み資産を「担保」に融資を持ちかけてくる。本業の融資とは別口なので企業側としても使い道に困る。しかも金利はバカ高いのだ。

そこで確実に「儲かる」投資先として株式市場と土地売買がターゲットになっていく。

結果、ものすごい額のカネが突如として株式市場と土地へと流れ込んだ。それがバブル経済を引き起こしていくのである。

私がつかんだ「バブル＝サイオプス」の真実

バブル経済の象徴が「地上げ」であろう。

じつは「地上げ」自体はまっとうな経済活動なのだ。少し説明しよう。

たとえば大通りに面したビル（10階建て）の土地が1億円で、そのビルの裏手となれば地価は半値の5000万円に下がる。そこで大通りのビルを2棟、その裏手のビル2棟を3億円で買収して、そこに大きなビルを建てたとしよう。その場合、このビルの地価は3億円ではなく、大通りに面した土地という扱いとなって4億円になるのだ。その差額は1億円。これが「地上げ」なのだ。それだけでなく、土地が広くなって建蔽率も上がる。10階建てまでだったのが20階建てにしてもよくなる。結果、テナント総面積は倍となる。トータル20億円でビルをつくっても十分に儲かるビジネスとなるわけだ。

バブル初期の1980年代半ばは好景気もあってこの地上げビジネスが広まった。東京を中心に各主要都市のビルは高度成長期時代のものが多かった。その建て替え需要も加わってローリスク・ハイリターンな「確実に儲かる」商売になっていたのだ。

当然、銀行から無理やり融資を押しつけられた企業はこの地上げビジネスにどんどん投資をするようになる。土地売買が増えていけば需要と供給の関係で地価がさらに上昇し、それがまた地上げを加速させていく。

この時点ではまだ「バブル」ではない。

バブルとなるのは「経済原則」を無視した経済活動が続いたときなのだ。

先に例を出した「20億円のビル」の地価がその後数年で10倍に跳ね上がったとしよう。同じように地上げした場合は土地買収に30億円かかる。上物《うわもの》を合わせてトータルで60億円。ビル収益で利益を出すにはテナント料を3倍にしなければならない。常識的に考えればこのビル計画は破綻しているので計画は中止になる。

ここで中止になるのが「正常」な経済状態となろう。

バブルはここが違う。この計画は遂行され、しかも利益が出てしまうのだ。この「異常」な経済システムをバブルと呼ぶのである。

どうして利益が出るのか。

簡単である。地価の上昇が止まらないからだ。先の「60億円のビル」の地価が倍になればビルは80億円で売買できる。差額20億円の儲け。80億円で買った人間もさらに地価が上昇すれば売り抜けて利益を出せる。

先の「60億円のビル」の収益性、損益分岐点が30億円とすれば、60億円の値がついた時点で経済原則的には「含み損30億円」の不良物件となる。ビル自体に価値がないどころか借金となるのだ。

もうおわかりだろう。最後にビルを持った人間がババ抜きの「ババ」となり、すべての借金を背負うことになる。

バブル後期の1990年前後になると、都心部の地価は収益性や経済性を無視して完全にバブル化していた。

私はこの時代から金融ジャーナリストとして都内を駆け回っていた。

だいたい日本の地価総額がアメリカ本土の2倍となっていたのだ。経済を学んだ人間からすれば「アホか！」というか、明らかに異常なのはすぐにわかる。

そうなると「謎理論」を主張する自称経済学者が登場する。

いわく「日本の土地は絶対に下がらない。土地神話があるのだ」。いわく「都心の地価上昇が終わっても今度は地方へと波及する。地価総額は今後も上がり続ける」。いわく「土地が上昇すれば含み資産も上昇する。それがまた土地に投資されて地価が上昇するという循環がある以上、地価の上昇は終わらない」……。

あとで述べるが、アメリカの投機バブルでも同じように「謎理論」を唱える経済学者があとを絶たなかった。「謎理論」が登場した時点でバブルの末期だということを覚えておいてほしい。

これもサイオプスなのだ。

政府の経済統計がウソをつくとき

バブル末期になると犯罪も横行する。

これも実際に取材したのだが、ある暴力団が保有する土地に何十億円の資産価値があるとして金融機関から融資を受けていた。そこでその土地を見ると辺鄙《へんぴ》な場所で崖のような土地なのだ。土地の値段は100万円もしないだろう。

では、どうしてこんな土地に融資しているのか。

これにもカラクリがある。その土地が1万坪あったとしよう。そのうち100坪を、なんらかの開発計画をでっちあげて1億円で実際に誰かが購入するのだ（自作自演で暴力団のフロント企業が買うわけだ)。100倍の土地なのだから資産価値は100億円となる。それを根拠に金融機関を脅して稟議書《りんぎしょ》にサインをさせる。そうした手口が平然と行われていたのである。

先に紹介したギリシャのケースもこれに近いやり口だった。

詐欺や犯罪が横行するのはバブルの破綻が近いからであり、この時点で逃げ切れなかったプレイヤー（バブル紳士）たちは命がけでババ抜きをするしかない。しかも残ったトランプはすべて「ババ（ジョーカー）」だ。ジョーカーだけでババ抜きをしているだから、この時点で勝者はいない。あとは「マヌケ」に自分のババを押しつけるだけなのだ。

繰り返すが、これが現在のギリシャなのである。

日本のバブルではこの「マヌケ」役がバブルの紳士と呼ばれた末野《すえの》興産の末野謙一《けんいち》（大《お》阪《さか》）と桃源社《とうげんしゃ》の佐佐木吉之助《ささききちのすけ》（東京）、そしてノンバンクの「住専」だった。

桃源社の佐佐木氏はバブル当時に何度か取材した。資産1兆円といいながらヨレヨレのスーツを着ており、「スケープゴートにされるんだろうな」と思ったものだ。

1996年にバブルは完全に崩壊して住専問題が起こった。これがいまの世界経済の状態と思えばいいだろう。

住専（ノンバンク）は都市銀行が持っていた不良債権というババを引き受ける「ゴミ箱」だったといっていい。当時の宮沢喜一《みやざわきいち》内閣が破綻した住専8社に公的資金7000億円を投入しようとした際に国民の多くは激怒した。

しかし、これで不良債権問題が処理されることはなかった。当時、政府は必死に「不良債権は多くて数兆円レベル」と繰り返し、メディアもそう報じていた。国民もそれを信じていた人が多かっただろう。

これもサイオプスなのだ。

私はこの数字に疑問を持っていた。別に難しい話ではなかった。政府が公開している経済統計を見て「ウソ」と判断したのだ。

調べてみると、日本の実体経済成長率のデータと金融機関の貸付残高のギャップがちょうど200兆円あった。実体経済とかけ離れて融資されたカネが単純に200兆円あると読み取れる。だから私は「不良債権総額は200兆円」と記事にしてきた。それが正しかったのは、最終的な不良債権処理に200兆円かかっていることが証明していよう。

私が気づくぐらいだ。政府も金融当局も知っていたことだろう。国民に隠していたのは本当のことをいう勇気がなかったからだ。

いや、なし崩しにして自分たちの経済政策の失敗をごまかそうとしたのだ。正確にいえば横領や背信など犯罪行為から逃れようと画策したのだ。

この当時の日本には国有の金融機関であった郵便貯金や各金融機関の「定期預金」といった安全な金融資産の形で400兆円があった。これを原資に大手都市銀行に公的資金を導入すれば十分にソフトランディングできる。そうして本当の実態を隠蔽したわけだ。

本来はバブルに気づいた時点でハードランディングさせたほうが効率が断然よく、経済的な影響も小さくなる。

先の「地上げビル」を例に説明しよう。ビルの収益ラインは30億円、それが60億円で取引されている。完全なバブルだ。そこでビル保有者を破産させ（悪質な場合は逮捕する）、その30億円を融資した金融機関に公的資金で処理させる。そうして「30億円のビル」にして正常な経済活動に戻してやるわけだ。

ソフトランディングはこのビルのオーナーが倒産するまで待ってから処理する。そのあいだ資産は塩漬けとなって毀損する。また、金融機関はその破綻処理のために自己資本が足りなくなる。そこで融資額を抑えて不良債権でない正常な貸付（融資）まで引き上げるようになる。これが「貸し渋り」と「貸しはがし」だ。これで景気が悪化していき、さらに不良債権が積み上がる、という悪循環に陥る。

ただし、不良債権を生んだ金融機関の落ち度は「自業自得」の形になるので罪には問われない。大蔵省（現財務省）といった金融当局や銀行の経営者は退職金をもらえて刑務所にも入らなくてすむ。実際にこうしたホワイトカラー犯罪（背信、横領）の時効は5年だ。バブルが崩壊した1991年に、それから5年間の天下り官僚たちの時効を待って住専問題を出してきた。政府がソフトランディングを選択したのはそれが理由だといっていい。

このときに戦後の世界で最も有能だった日本の経済政策と経済官僚は「死んだ」。いや、アメリカによって「殺された」のである。

「バブル崩壊」に学ぶ「経済情報戦」に勝つ教訓

日本のバブルを理解すれば、現在の世界で起こっていることも理解しやすい。

日本のバブルは「地上げ」がマジックのタネとなっていた。アメリカがしかけた投機バブルのマジックのタネは「デリバティブ（金融派生商品）」である。

1999年11月にクリントン政権は「グラム・リーチ・ブライリー法案」を可決する。

かつて世界恐慌の引き金となった銀行と証券の兼業を禁止するための法律（グラス・スティーガル法）をつぶしてウォール街の金融機関を「ギャンブル」のできる体制にしたうえで、今度は賭けの利率（レート）を爆上げする。２００４年にはＳＥＣ（アメリカ証券取引委員会）に命じてレバレッジの大幅な規制緩和を命じた。12倍から33倍まで賭け率が上昇し、ある手順を踏めば１００倍まで簡単にできるようにしたのだ。

ＦＸ（通貨取引投資）で説明すれば以下のようになる。

元手1万ドル（１００万円）から始めた場合、レバレッジを10倍に設定すれば10万ドル分の円を買える。このとき1ドルが１００円から１１０円になれば保有ドルは１１００万円となって元手と同じ１００万円の利益が出る。逆に１ドル１００円が90円となれば１０００万円の損失で元手がなくなる。

これが１００倍だった場合はどうなるのか。当たれば利益は10万ドル、つまり元手の10倍の１０００万円の儲けとなる。しかし、逆ブレすれば元手の10倍の１０００万円の損失、元手の1万ドルを差し引いて９００万円の借金を抱えることになる。一般人が１００倍のレバレッジをやれば一度失敗するだけで簡単に破産まで追い込まれてしまうのだ。当然、銀行が１００倍のレバレッジをかけた金融派生商品を保有したり投機したりすれば、勝った場合はまだしも、負けた場合は自己資本を食いつぶして破綻することになる。

もう少しわかりやすく説明しよう。

競馬にたとえるならば100円の馬券でオッズ2倍の大本命を買い、それが当たったとしよう。普通は200円の配当で儲けは100円だ。

ところがレバレッジが100倍かかっていれば儲けは1万円となる（負けた場合は逆に支払うことになるが）。

私は競馬をほとんどしないが、本命中心に当てやすい賭け方もあろう。それがレバレッジ100倍ならば断然儲かるようになる。ローリスク・ハイリターンでたくさんの競馬ファンが馬券だけで生活できるようになるだろう。

この投機バブルも初期の段階では確実にボロ儲けできるシステムだった。事実、ウォール街では何千人ものミリオネアが誕生した。

簡単に莫大なカネが手に入るとすれば、人間はどんどん「賭け」にのめり込む。

競馬は運の要素も強い。本命だろうと負けるときは負ける。

しかし、確実に賭けに勝つ方法も存在する。運の要素の強い競馬ではなく、ありとあらゆるものを「賭け」の対象にしていくのだ。そうして「八百長《やおちょう》」を確実に仕込めるギャンブルを設定して100%確実に勝利を得るわけだ。

たとえばプロ野球で八百長試合を組むのは相当難しいだろう（だから野球賭博が成立する）。しかし、草野球ならばどうか。一方のチームに元プロ野球選手を参加させれば勝利は確実だ。そこまでしなくとも、相手チームの投手に数万円渡せば、わざと負けてくれることだろう。

これがギリシャ問題の本質なのだ。アメリカやヨーロッパの大国ではこうした操作はやりにくい。そこでギリシャが「草野球チーム」として狙われたのだ。

こうした八百長まがいの「ウソギャンブル」で莫大なマネーをでっちあげてきたのが2000年代のアメリカ発の「投機バブル」だった。

住専問題に似たギリシャ問題の構図

ちなみにサブプライムローンでは週に数度ゴミ拾いをしている人がプールつきの豪邸に住み、バカでかい自動車を乗り回すことが成り立っていた。こんな経済原則からズレた異常な状態に対して「最新の金融工学」という謎理論を主張してごまかす。この時点で「バブル」と気づく必要があったのだ。

アメリカの悪名高きサブプライムローンは年収1万2000ドル程度（150万円）の人間に75万ドル（8000万円）のプールつき豪邸を販売する。これをベースに100倍のレバレッジをかけ（これが金融工学という謎理論である）、7500万ドル（80億円）の金融商品をでっちあげる。この100倍になったマネーを使ってさらに地価を押し上げていくのだ。地価が2倍になれば7500万ドル分がまるまる儲けとなる。これを延々と繰り返していたのが2000年代の投機バブルだったのである。

当然だが、年収1万2000ドルの人間が75万ドルのローンを払えるはずはない。ローンが焦げつけば、すべては逆張りとなって100倍の負債がかかってくる。その負債を簿外債務としてギリシャの銀行に転売して不良債権を押しつけ、自分たち欧米の金融機関は健全に見せかけ、その押しつけた借金を「返せ！」と迫っているのが現在のギリシャ問題なのである。ひどいというより、ただあきれ果てるだけだ。

その構図は住専問題にそっくりである。ゆえにそれを気づかせないように「リイオプス」が展開されたわけだ。しかし、どんなにサイオプスをフル稼働しようとも、経済原則から離れた経済活動（バブル）はいずれ破綻するし、実際に破綻した。

問題はサイオプスが稼働していたことで傷口があまりにも大きくなりすぎたことなのである。本来、アメリカ発の投機バブルはもっと早い段階でバブルが弾けていたはずなのだ。100倍のレバレッジはいったん逆回転すれば破綻まで一直線となる。1年や2年で破綻してしかるべきであった。ところがサイオプスによる「隠蔽」と「捏造」があまりにもうまくいきすぎてズルズル引き延ばされ、事態を悪化させてしまった。

この問題を長年取材してきたジャーナリストの立場からいえば、ドルを基軸通貨にした金融システムや世界経済の体制はもはや手のほどこしようがない。事実上「死んでいる」。生命維持装置をつけて心臓が動いているだけの病人も同然なのだ。

日本のバブルの場合は400兆円の金融資産があった。だからなんとかなった。しかし、現在、アメリカが抱える金融バブルは約80兆ドル。これを1ドル123円で計算すると9840兆円という天文学的な不良債権総額となる。これは日本のバブル崩壊後に噴出した不良債権200兆円に対して約50倍の数字である。不良債権処理をしたくても現実にはできないというのが現在の世界が置かれている状況なのである。

まずはこの「現実」を理解する。

それがサイオプスに騙されない第一歩となろう。

アメリカ軍横田基地に駐機するオスプレイ。日本人全体が軍事についてもっと詳細な知識を持っていれば導入は回避できたのではないだろうか。

第7章 安倍政権とアメリカの中国包囲網
──「軍事情報戦」のカラクリ

私がペンタゴンへの見方を変えた理由

最近、私の読者からペンタゴンに対して追及が甘くなった、あるいは擁護しているのはどうしてなのか、というクレームをいわれることが増えている。

もちろんペンタゴンから「資金援助」を受けているからではない。ペンタゴン関係者を取材してきた結果、ある重大な情報が判明したからだ。

このままペンタゴン、正確にはアメリカ軍を追いつめて解体を迫ると、彼らは暴発して「世界大戦」を引き起こしかねないというのである。

アメリカ軍は世界最大にして最強の軍隊だ。アメリカ軍と全世界の軍のすべてと戦っても勝てる規模になっている。アメリカ軍のシステムは強固で、おいそれと解体できるような状況ではない。軍人の多くは愛国心と正義感にあふれている。それが解体されるというのは、「アメリカ軍の存在が間違っていた」「アメリカ軍は悪だった」という汚名を被ることになる。そんな屈辱を受けるぐらいなら世界中を戦火に巻き込み、自分たちの存在意義を戦場で証明したいと語る高級軍人は決して少なくないのだ。

その一方で愛国心と正義感を持った軍人たちのアメリカ政府への忠誠心はなくなっている。アメリカ政府の中枢、つまりワシントンD.C.が腐っていることは十分に理解しており、彼らを政府から追い出したいともいっている。

その後、アメリカ軍が中心となって信頼できる国際機関のもとで「地球警備隊」のような形で再編されることを彼らは心の底から願っている。

私はこのままアメリカ軍を追いつめて暴発されるぐらいならば、彼らが望むように「地球警備隊」として活用するほうがいいと判断している。ゆえにペンタゴンに対しては一定の理解を示すことにしたのだ。

どんな平和な世界になろうとも一定の軍事力は不可欠だ。交番にいるおまわりさんだって拳銃を持っている。駅前におまわりさんがいれば酔っ払ってケンカしたり、お年寄りのカバンをひったくろうと思ったりしたとしても、おまわりさんの姿を見れば思いとどまる。

私は近い将来、アメリカ軍が世界の「交番」のおまわりさんになってほしいと考えている。それが最も友好的な利用方法ではないだろうか。

「軍事」がわからない日本人

さて、日本人は基本的にとても賢いと思っている。

専門的な経済用語にもくわしく、難しい金融理論を述べてもちゃんと理解してくれる。また、知識欲も旺盛で専門家並みの知識を持った人も少なくない。

そんな日本人が唯一よく理解していない事象がある。

——軍事である。

軍事に関する日本のメディア情報は本当にお粗末で、また一般的な日本人の語る「平和論」や「軍事情報」も理解しがたい。ほかの事象ではあれほど賢明な日本人が、どうして軍事になると、なぜか非論理的な議論を繰り返すのか。

理由はわかっている。第2次世界大戦の敗戦で日本は戦後「平和国家」として歩んできたからだ。もちろん、それを否定するつもりはないし、戦争放棄を謳《うた》った憲法を大切にしているのも理解できる。

問題なのは「軍隊」「兵器」といえば無条件で「悪」と決めつける人があまりにも多い

ことなのである。

自衛隊を増強するといえば、いますぐにでも戦争が始まるかのように大騒ぎをする。国防のために必要な増強はむしろ平和な状態を維持する場合もある。その兵器が本当に必要なのか、平和維持に役立つのか、それを厳しくチェックすることが大切なのに、「すべての増強に反対する」ばかりではまったくチェック機能を果たさなくなる。防衛省だって「どうせ何をいっても、どんな説明しても反対されるだけ」と国民に問いかけることなく自分たちで勝手に防衛予算を決めることになる。事実、すでにそうなっている。

欧米などほかの先進国には軍事アナリストや軍事ジャーナリストがたくさんいる。軍隊経験を持っている人や大学で軍事学を専攻した人がそうした「国防関連」の政策を厳しくチェックしている。日本でも経済、政治、金融に関してはちゃんとやっている。軍事だけまったくスペシャリストがいないのだ。

日本の軍事ジャーナリストの大半は防衛省関連の番記者だったレベルか、兵器の好きなミリタリーファンばかりなのが実情だろう。日本の政治家で軍事通と称される石破茂《いしばしげる》元防衛大臣にせよ、子どものころから戦車や戦艦、戦闘機のプラモデルが好きで、あれこれくわしくなったというタイプだ。それが政治家ナンバーワンの軍事通と評価されるのが日本の現状なのである。

基本的な知識すらなく、誤った認識をしているのだ。当然「軍事」に関するサイオプスはやりたい放題の状態といっていい。

こと軍事に関しては「国家の安全」に直結する。誤った国防体制になればカントリーリスクが増大し、景気にも大きな影響が出る。

本章では軍事に関する基本的な概念を紹介していきたい。

国論を二分した「オスプレイ導入」

2015年7月14日に日本向けオスプレイ5機が正式に日本に引き渡された。今回の契約は3億3250万ドル（約410億円）。最終的に17機の導入には30億ドル、現在のレートだと3700億円、1機あたり約217億円となる。

このオスプレイ導入をめぐっては国内で反対運動が巻き起こっていた。

まずオスプレイは「未亡人製造器」というぐらい事故を多発する危険な機体であること。次に導入価格。当初の予定で1機100億円程度だったのが倍以上の価格になったこと、何よりアメリカ政府の要請で「言い値」で受け入れたのではないかという疑惑である。大手メディアも当初はオスプレイに批判的な報道を繰り返してきた。

これまでの日本ならオスプレイ導入は先送りになっていたことだろう。

しかし、導入は粛々と進んだ。理由ははっきりしている。ネットを中心に「オスプレイ導入賛成」という声が広がっていったからである。反対する意見が出るたびにその意見に反論し、それを見たネットユーザーは反対意見、つまり導入賛成の意見を支持していったのだ。こうした草の根的な広がりで「導入賛成」というネット世論が形成され、それを受けて政府は堂々と導入を決めたわけだ。

どうしてネットユーザーはオスプレイ導入に賛成したのか。

それを理解するには、ヘリコプターの弱点を知る必要がある。

いまさらヘリコプターの有用性を否定する人はいまい。非常にすぐれた飛行機だが、大きな弱点が二つある。ひとつは燃費がすこぶる悪いこと、もうひとつが速度の遅さだ。飛行機の場合は機体自体が流線型で揚力を生むからスピードが上がれば上がるほど燃費はよくなる。だから離陸時がいちばん燃料を食う。ヘリはプロペラ（ブレード、羽根）を扇風機のように回転させて浮き上がって飛ぶ。飛行機でいえば離陸状態のまま飛び続けるようなもので、当然、燃料をバカ食いして航続距離が短くなる。

ヘリは構造上、最大時速300キロメートルしか出せない。ヘリを速く飛ばすには大きなプロペラを強い力で高速回転させる必要があるが、ブレードを大きく、長くしていけば時速200キロメートルぐらいで羽根の先端部分が音速を超えてソニックウェーブを出す。その衝撃波で浮力と推進力がなくなってしまうのだ。

その結果、同規模の飛行機に比べて航続距離、速度ともに25％で限界値がくる。活動できる時間と範囲がものすごく短く、狭いのだ。

そんなヘリの弱点を克服しようと開発されたのが「オスプレイ」なのである。

それを可能にしたのが「チルドローター（可変ローター）」だ。ローターを動かすことで離着陸時はヘリモードで垂直上昇し、その後は飛行機モードになって速度と燃費を向上させる。同規模のヘリと比較してオスプレイは速度で倍近い時速565キロメートル、航続距離にいたっては3倍以上となる3500キロメートルに達している。

その複雑さゆえに事故が多いわけだが、そのぶん、メリットもあるのである。

日本世論の「右傾化」のカラクリ

では、どうして自衛隊はオスプレイ導入に固執したのか。

それは冷戦終結後の2000年代になって自衛隊のドクトリン（軍事戦略）が大きく変わったからである。

冷戦時代の自衛隊のドクトリンは非常に明快だった。北海道《ほっかいどう》にソ連が攻めてきたときにそれを撃退する。そのためだけに自衛隊は整備されており、その兵力が「正しい」からソ連は攻めてこなかった。実際に1990年代までの自衛隊は「北海道を戦場に設定した対ソ連用の軍隊」だった。徹底的にソ連軍を倒すことだけを考え抜いて組織しているために、まったく汎用性のない、とても歪《いびつ》な軍隊になっていたぐらいだ。

その弊害として日本は島国でありながら海兵隊を持っていなかった。正確には島嶼《とうしょ》防衛用の部隊のこと。日本の排他的経済水域（EEZ）は世界で6番目の広さがあり、かつ数千もの離島が存在する。その島を敵勢力に奪われた場合に、それを撃退する専門部隊を日本は持っていなかった。理由は単純だ。ソ連と日本の位置関係からソ連軍がいちいち日本の島を占領することはないと考えて手つかずになっていたわけだ。

ところが、である。２０００年代に入って自衛隊の仮想敵国はロシアより「中国」を意識するようになった。冷戦時代の自衛隊は対中国戦をほとんど想定していなかった。沖縄の在日米軍基地に関係するが、沖縄に米軍基地がある以上、中国は手出しをしてこないと考えられていたのだ。沖縄の米軍基地に日本が莫大な「思いやり予算」を提供してきたのも「中国封じ込め」に対する警備代金を要求され、しかたなく払っていたといったところだろう。

さて、対中国を想定した場合に自衛隊の兵力には大きな欠陥が出てくる。それが先ほども述べた「海兵隊」である。対中国との戦争は対ソ連と違って本土上陸はほとんど考慮しなくてもよくなる。ところが離島占拠というのはハイリスクになる。現実にもめている尖閣諸島のみならず先島《さきしま》諸島や八重山《やえやま》諸島、さらには小笠原《おがさわら》諸島などは武力占拠された場合に海兵隊を持たない自衛隊は中国上陸部隊に対してなすすべがない。アメリカに土下座をしてお願いするしか選択肢がなくなっていたのだ。

逆にいえば、在日米軍が動かなければ日本の離島は中国に軍事占拠されて奪われるのだ。もしアメリカと中国のあいだで密約があれば日本の領土は削り取られてしまう。

軍隊の役割は「国防」である。国際法上認められた領土を守ること。それができない軍隊は欠陥品となる。２０００年代の自衛隊は国防に大きな穴をつくっていた。

これは日本だけの問題ではない。

２０００年代からこの15年間、中国が尖閣諸島あるいは先島諸島を軍事制圧した場合のシミュレーションをすれば圧倒的に中国が勝利していたのだ。

中国の人民解放軍は決して一枚岩ではない。手柄や野心からそうした作戦を立案する高級軍人や政治家がいないとは断言できない。シミュレーションでは中国の圧勝と出るのだ。軍事的野心を刺激して本来しなくてもいい戦闘が起こったとしても不思議はなくなる。２０００年代以降に突如として中国が尖閣諸島で軍事挑発を繰り返すようになったのは自衛隊が国防に大きな穴を開けていたからなのである。

たとえは悪いが、窓を開けっ放しにしておけば泥棒する気がなくても、つい、となりやすい。日本との経済交流を強めたい、正式な不戦条約を結んでいきたいと考える中国共産党の政治家にすれば、やっかいな状況となっていたわけだ。

そこに「オスプレイ」がどうかかわってくるのか。

島嶼防衛では敵に占拠されたあと、ヘリ空母型の「いずも」などを派遣し、そこからヘリや水陸両用車を使って部隊を投入して敵勢力を排除する。その際に敵の兵力によっては前線のヘリ空母と後方基地との輸送力が重要となる。尖閣を想定すれば通常のヘリだと石垣《いしがき》や宮古《みやこ》がギリギリとなるが、航続距離が長くて高速のオスプレイがあれば沖縄どころか東京までじかに結べる。大型ヘリと比較すればオスプレイ1機で3機分以上の働きをする。島嶼防衛能力が一気に高まるのだ。

日本がオスプレイ導入を決めて日本版海兵隊となる「水陸両用団」を正式に設立した2014年以降でいえば、先の「中国軍による尖閣、先島諸島占領」の軍事シミュレーションも日本の勝利へと変わっていることだろう。そうなれば人民解放軍のなかでも「尖閣を軍事占拠しろ」「先島諸島まで攻め込め」といった強硬論は排除され、むしろ「尖閣諸島問題は棚上げにして日本と和解しよう」という声が高まる。

それ以上にネットユーザーが導入賛成に転じたのが、「大規模災害」の対策だろう。

たとえば「3・11」のときに「いずも」を旗艦とした水陸両用団があったとしよう。三陸《さんりく》沖に「いずも」を展開して被災地には通常ヘリで物資と重傷者をピストン輸送し、「いずも」から今度はオスプレイで傷病者を東京の病院に運び、東京からは不足する医薬品などの物資を「いずも」まで運んでくる。非常に有用ではないかと考える人が多かったのだ。

もちろん日本だけではない。２００７年のスマトラ沖大地震や、自衛隊も災害派遣されたフィリピンのハリケーン被害など、そうした災害救助にも国際貢献できる。

さて、読者に聞きたい。

ここまでの文章やオスプレイ導入賛成派の意見を読んでどう思ったか。

おそらく多くの人が「賛成」するだろうし、反対派だった人も「もう一度考えてみようか」と思ったのではないか。

実際にネットユーザーもまったく同じだった。もともと反対だった人がどんどん賛成派に鞍替《くらが》えして、ここまで書いた内容を一所懸命にいろいろなサイトに書き込んで説得するようになった。

中国の問題だけではない。とりわけ「3・11のときにオスプレイがあれば、たくさんの命を救えた」という意見は多くの人の心を動かした。そんな善良な思いが彼らを動かしたのだ。

そして騙された。

サイオプスによって――。

まんまと「欠陥機」を売りつけられた日本

国内にオスプレイ導入賛成派が増えていったことを受けて、安倍政権は2013年にオスプレイ導入を決める。

その翌年の2014年10月に、ある軍事情報が日本に飛び込んできた。アメリカの大手ヘリコプターメーカー「シコルスキー」が新型ヘリ「S-97 RAIDER」を正式に発表したのだ。

その瞬間、善良なネットユーザーの多くは自分たちが巧妙に騙されていたことに気づいたはずだ。なぜなら、この新型ヘリはほとんどオスプレイと同等の性能を持ち、なおかつ非常に安全で、値段もはるかに安かったからである。複雑な構造で故障を起こしやすく、価格も高いオスプレイなど導入せずとも、この新型ヘリで十分に代用できたのだ。

先の賛成派の議論をもう一度検証してほしい。

オスプレイの役割は水陸両用団にとって「能力向上に役立つ」というだけで、じつはオスプレイがなくても代用は可能であった。中国との問題でいえば水陸両用団を設置すれば国防の穴はふさげる。決してオスプレイ導入が前提ではなかった。

災害支援にしても同様だ。たしかにオスプレイがあればより効果は高まるとはいえ、肝心なのは大型のヘリ空母と水陸両用車なのだ。「3・11」の際は津波のがれきによって海上から物資を運べなかった。そこでヘリと水陸両用車の必要性が問われたにすぎない。オスプレイがなくても水陸両用団があれば、たくさんの人を救えるのだ。

巧妙に世論が誘導されていたことに気づくだろう。

いや、現実はもっとすさまじい。

シコルスキーの新型ヘリは「二重反転式ローター推進プロペラ」というシステムを持っている。二重反転とは右回転と左回転をするプロペラでカウンタートルクを打ち消すシステムのこと。プロペラがひとつの場合は慣性モーメントが働いて機体がクルクル回る。通常のヘリはテール（尾翼）プロペラを反対方向に回して慣性モーメントを打ち消している。二重反転にすればテールローターが必要なくなる。そこでシコルスキーは推進用のプロペラをつけて高速化を実現した。スピードはほぼオスプレイ並みの速度を誇っている。

航続距離に関しては通常型のヘリと変わらないが、プロペラを二枚重ねているぶん、ブレードの長さが短くなった。ヘリの弱点は長いブレードのために空中給油がアメリカ軍以外はできないところにあった。しかし、この新型ヘリならば空中給油が可能となっている。空中給油を前提にすれば航続距離も変わらなくなっているのだ。

こうして説明すると画期的な新型ヘリという印象となる。

騙されてはならない。

二重反転ローターは旧ソ連ではカモフというメーカーが中心となって1990年代から当たり前のようにつくっていた。現在、ロシアや中国の軍用ヘリは二重反転が主流なのだ。推進プロペラにせよ、ベトナム戦争のときにアメリカ軍が「シャイアン」という推進プロペラ型のヘリをつくっている。それほど特別な発想でもなければ画期的でもなく、既存の技術にすぎないのだ。

では、どうしてできなかったのか。

シコルスキー側の説明によれば、二重反転の特許をロシアのカモフが持っており、その特許が切れるのを待っていたからだという。実際に機体の開発自体は2000年前後にとっくに終わっていたらしいのだ。

それにもかかわらず、このシコルスキーの新型ヘリは正式発表となった2014年10月まで徹底的に隠蔽されてきた。それ以前はどんなに検索しても「二重反転式ローター推進プロペラ」というシステムが存在するという情報はいっさい出てこなかった。

繰り返すが、二重反転ローターと推進プロペラはそれぞれ実用化されていた。それを組み合わせるという発想はそれほど突飛なものではない。むしろローター自体を回してヘリモードと飛行機モードをつくったオスプレイのほうがよっぽど突飛だろう。先にも説明したように、ヘリの性能向上は各社がしのぎを削っていたのだから。

おそらく、いや、間違いなく、２０１４年以前から何度も「二重反転式ローター推進プロペラ」型のヘリに関する記述は多くの人がネットに書き込んでいたはずだ。その新システムを紹介していた軍事評論家もいただろうし、一般ユーザーも転載したり紹介したりしていたことだろう。とくにオスプレイ導入が話題となっていれば、ミリタリー関連のサイトならば「二重反転式ローター推進プロペラ」の情報は出ないほうがおかしい。

つまり、「何者」かがその情報が出るたびに徹底的に削除、いわば「ネット検閲」がなされていた可能性がすこぶる高いのである。

本書編集部のスタッフに軍事情報を扱った人気サイトを調査してもらった。正式発表になった新型ヘリの記事は「お通夜」のようになり、書き込みの大半は「オスプレイっていらないよね」「たしかに次世代ヘリはチルドローターじゃなくてこっちだろうな」「みんなミリオタ（軍事ファン）なのに、どうして知らなかったの」といった内容だったらしい。トロールというソフトをご存じだろうか。

これはアメリカが開発した「ネット世論誘導対策ソフト」で、ひとりがある内容、たとえばオスプレイ擁護をこのソフトを使って書き込むと、自動的に1万以上の類似サイトに微妙に言葉づかいを変えながら書き込むことができるのだ。

同様にネット検索も可能で、特定ワードがあれば、それを勝手に削除する。

こうしたサイオプス・ソフトがフル稼働していたのは間違いないだろう。

日本人はアメリカのしかけたサイオプスによってまんまと「欠陥機」オスプレイをバカ高い値段で売りつけられたのである。

安倍政権がはまった落とし穴、リベラル派の無知

ここで安倍政権に疑惑が出てくる。オスプレイ導入を強引に決定した安倍政権はシコルスキーの新型ヘリの存在をまったく知らなかったのかという疑惑である。

自衛隊はシコルスキー社の軍用ヘリを導入している。関係はオスプレイをつくったベル

&ボーイング社より深いのだ。何よりアメリカ陸軍はこの新型ヘリの購入を2万台以上予定している。普通に自衛隊にも導入予定の機体なのだ。

今回発表となったタイプは小型機で、中型輸送機のオスプレイとは違う。とはいえシコルスキーは2020年までに中型タイプも開発すると発表している。水陸両用団に導入するにはうってつけの機体となろう。

実際に今回、自衛隊がオスプレイ17機の導入に使った予算があれば、このシコルスキーの新型ヘリなら、なんと500機前後購入できるのだ。オスプレイクラスの中型バージョンも30億円程度というから、おそらく100機は導入できる。

壮大な「ムダづかい」ということがわかるだろう。

本当に安倍政権はあれほど日米同盟の強化を声高に叫んでおきながら、まったく教えてもらえなかったのだろうか。そうだとすれば、安倍政権は断固アメリカに抗議してオスプレイ導入を白紙に戻すべきだろう。

残念ながら安倍政権は「知っていて」あえてオスプレイを導入したのだろう。オスプレイには莫大な開発費がかかっている。しかも欠陥機でアメリカ軍でさえ導入を渋っているのだ。事実、アメリカ陸軍が次期汎用ヘリとしてシコルスキー社の新型ヘリの導入を決めたコンペでは、オスプレイを開発したベル＆ボーイング社も小型オスプレイを提案したが、けんもほろろに断られているのが実情なのだ。

ともかく開発費を回収すべく日本に開発費を上乗せした「ぼったくり価格」で押しつけ、それに尻尾を振って喜んでいるのが安倍政権なのである。

リベラル政党の政治家たちはこのシコルスキーの新型ヘリ発表のニュースを受けて「どうして、このヘリより危険で高価なオスプレイの導入を決めたのか」とつめ寄るべきだろう。知らなかったと言い訳すれば日米同盟の問題を提起すればいいし、知っていたとすれば「賄賂」の可能性を指摘すればいい。

にもかかわらず、リベラル政治家のオスプレイ批判は高いだの、危険だの、住民が反対しているだのといった紋切り型ばかりだ。これでは最初に書いたような反論で終わりとなる。リベラル政治家たちの軍事オンチ、ともかく「軍事はすべて悪」という発想はアメリカやそれに結託する日本の軍国主義勢力にとって非常にありがたいものとなっている。ネットを使っていくらでも世論誘導ができるようになっているからだ。

実際に新型ヘリの情報が２０１３年に出回っていれば、ほとんどのネットユーザーもオスプレイ導入には反対してきたはずだ。むしろリベラルの反対勢力より積極的に反対したぐらいだろう。

だからこそサイオプスがしかけられたのだ。

今回、オスプレイ導入にからんだサイオプスでは、反対派と賛成派の議論が噛《か》み合わないように巧妙な罠《わな》が張ってあった。

本来、オスプレイの議論はヘリの弱点を克服した新型ヘリはどうあるべきかにあった。オスプレイのチルドローターか、シコルスキーの「二重反転式ローター推進プロペラ」か。これならば反対派と賛成派の議論が噛み合って間違いなく後者で一致する。そのために新型ヘリの情報を徹底して隠蔽して議論を噛み合わせないようにしてきたのだ。

反対派の「危険」「高価」「欠陥」という主張に対して、賛成派は有用性のみを問うていた。危険で高くて欠陥があろうとも、「ないよりはまし」という主張を繰り返した。

AかBか、選択を迫れば人はどちらかを「正しい」と考えて選ぶ。しかし、サイオプスにおいては両方間違っているほうが多いのだ。正しいと判断した内容もウソを混ぜ込んでいる。間違っていると考えた内容には「真実」を混ぜ込む。どちらを選んでも誘導できるようにしている。

それがサイオプスの怖さなのである。

騙されないために知っておきたい「地政学」

サイオプスにやられないためには、とにかく「正しい議論」を設定して、そこから情報を積み上げるしかない。

軍事でいえば日本の防衛とは何か、どういう状態が理想なのか、ここから発想していく必要がある。そうすれば今回の集団的自衛権や安保法制の問題点も見えてくる。

国家は国際法上認められた国土と国民を守る義務がある。その目的のために軍隊を設置する。軍隊とは敵勢力が攻めてきたとしても「国土と国民」を守るべく制度設計がなされる。これが基本となる。

では、日本が独力で国防軍を設置したとしよう。戦前の日本の仮想敵国はソ連、中華民国、そしてアメリカだった。いずれも世界トップスリーの軍事大国である。これらに対処しようとすれば当然、日本自体が超軍事大国にならざるをえない。実際にそうなって、日本は戦争に突き進んで破綻した。

その視点で見れば、戦後にアメリカと同盟を結んだのは間違いではない。事実、戦前の大半の兵力は対アメリカ向けだった。こうして戦後の冷戦下においてアメリカの命令によって日本は対ソ連用の軍備だけで国防が可能となった。

ここでポイントとなるのが、アメリカは日本をソ連から守る気はなかったという点だ。本気で日本を守るつもりなら、在日米軍基地は北海道に集中していたはずだ。

ソ連と戦うのはあくまでも自衛隊。在日米軍の役割は後方支援に限定していた。自衛隊が勝ちそうになれば、しゃしゃり出て勝利をかすめ取る。沖縄に米軍基地が集中しているのは、日本の戦争に巻き込まれないように自衛隊を盾にして隠れているからなのだ。

とはいえ、沖縄の在日米軍基地は「中国の封じ込め」には役立っていた。

自衛隊にとって悪夢となるのは、冷戦時代から現在までソ連（ロシア）と中国が両面から攻め込んできたケースとなる。両面攻撃を受けた場合は自衛隊にその対処能力はない。だからといって対ロシア用、対中国用の両面を想定して自衛隊を整備すれば単純に規模が2倍となる。予算でいえば現在の5兆円から10兆円規模になって世界第2位の軍事大国となってしまうのだ。それだけでなく、在日米軍基地も不要となるわけで、そうなればアメリカは日本を危険視し、戦前と同じことが繰り返される。

つまり、日本の防衛戦略はアメリカ、ロシア、中国という三大軍事大国に対して少なくとも1カ国と同盟を結ぶことが基本となる。結べなければ日本は軍事費で自滅する。冷戦時代の日本には選択肢がなく、アメリカと同盟してソ連や中国と敵対した。

冷戦後は当然、選択肢は広がる。現在の自衛隊の規模ならばロシアか中国と正規の平和条約（不戦条約）が結べれば在日米軍も必要なくなる（日米同盟は維持）。どちらか一方なら最悪の事態を想定しても現在の自衛隊で十分に対処できるからだ。もちろん、ロシアと中国の両方と平和条約を結ぶことができれば、自衛隊を半減しても日本の防衛は十分に可能となる。

「集団的自衛権」論議の正しい読み方

ここで集団的自衛権の問題となる。日米安保条約をアメリカとの集団的自衛権を含めた正規の日米軍事同盟へと発展させた場合の最大のメリットはなんなのか。

まずはここを考えなければならない。

答えは在日米軍基地の全廃だ。

これまで日本政府が在日米軍基地を容認し、あまつさえ数千億円の「思いやり予算」を与えていたのは、逆にいえば日本政府はアメリカ軍、正確にはアメリカ政府を信用していなかったからだ。日本にとっての悪夢はロシアと中国による両面攻撃で、その場合は自衛隊単独では本州《ほんしゅう》を守るのがせいぜい。北海道と九州《きゅうしゅう》は軍事占領される。アメリカ軍が動かなければそうなってしまうのだ。だから沖縄に在日米軍基地を与えて中国が両面攻撃に参加しないように「保険」をかけてきた。在日米軍基地を一種の「人質」にしてきたわけだ。

しかし、集団的自衛権を前提とした軍事同盟となれば日本領土への攻撃でアメリカ軍は即座に参戦する。別に在日米軍基地があろうとなかろうと関係なくなる。アメリカが沖縄に基地が欲しいといえば自衛隊の基地の一部を貸し出せばいいわけで、当然、カネを払うのはアメリカ軍となる。つまり、戦後から続いたアメリカの軍事支配から脱却するというのが集団的自衛権を前提とした軍事同盟の最大のメリットなのだ。もちろんアメリカと強固な軍事同盟を結べばロシアと中国も日本に対する軍事的野心を抑えるだろうから自衛隊も削減できる。その意味でもメリットは大きいのだ。

半面、デメリットとなるのがアメリカの戦争に巻き込まれてしまう点であろう。日本とは関係のない国でアメリカの国益のために自衛隊員が銃火を交え、ときには亡くなるケースも出てくるだろう。

在日米軍基地の全廃と自衛隊の削減というメリットに対して、アメリカの戦争への参加というデメリット。どちらを優先すべきか。これが「集団的自衛権」の本質となる。ことの是非は別にして、一考する価値は十分にある。なかなか悩ましい選択であろう。

ところが、現実にはそんな二択にはなっていない。

集団的自衛権を容認しながら在日米軍基地はそのまま継続。自衛隊はむしろ軍備拡大で予算が増えている。それでいてアメリカの戦争にも参加したうえで、中国とロシアとの関係も悪化して軍事的緊張はいっそう高まっている。

いわば安倍政権は「最悪」と「それ以上の最悪」という二者択一の選択を国民に迫って「最悪」のほうを選ばせようとしているのだ。アメリカにすれば「最高」と「それ以上に最高」の二者択一で、どうやら「最高」を選びそうという状態になっている。ここが安倍政権最大の問題であり、そのためにアメリカはサイオプスをフル稼働させてきたのだ。

サイオプスに騙されてはならない。

いま、日本人に突きつけられている選択は最初から間違っている。正しい選択肢を取り返す。そのためにも日本人の一人ひとりがサイオプスの存在に気づいて目を覚まさなければならないのである。

おわりに　ドル基軸通貨体制の「最期の悪あがき」

「権力は銃口から生まれる」

本書の冒頭で毛沢東の言葉を紹介し、私見として「権力とは銃を持つ人間の脳内をコントロールすることで生まれる」と述べたのには理由がある。

英語で政府や政治を意味するガバメント（Government）とは、ラテン語の「Govon＝支配する」と「Mene＝脳」という二つの意味が組み合わさってつくられた造語である。

欧米文化において、権力とは大衆の精神を支配するという意味なのだ。

逆にアジア圏や漢字圏では「政治」は「まつりごと」、つまり「お祭り（お祀《まつ》り）」に由来する。大衆の心を動かす「祭り」を管理する、祭事を取り仕切るのが権力となる。

西洋と東洋では「権力」に対する価値観は、じつに「似て非なる」ものがあろう。

私は金融ジャーナリストとして、政府機関あるいは民間機関の経済統計を丹念に読み込むことを習慣としている。「ウソ」を見抜くためのテクニックといっていい。

あるとき、日本政府の関係者や金融当局の人間に「どうしてウソの統計を出すのか」とつめ寄ったことがあった。その人物は「本当のことを伝えてもいいが、その結果、大衆が過剰に反応してしまうのが怖いのだ」と答えた。

ようするに「マインド」である。

景気が後退しているという統計データがあったとしよう。それで大衆が過剰に「不景気なのか」「景気は当面よくならない」と反応して消費行動を控えた場合、この数値よりさらに悪化してしまう。逆にデータを少し操作して「景気は回復軌道に入ったようだ」とすればマインドがよくなり、積極的に買い物をするようになって、本当に景気は回復軌道に入ることもあるのだ。

経済政策の正否を左右するのはノーベル経済賞を取った最新の経済理論ではなく、この「マインド」のコンロールなのだ。

考えてみれば、「カネ」こそが、この大衆操作、マインドの究極であろう。

一万円札など福沢諭吉《ふくざわゆきち》が印刷された紙にすぎないのだ。それを見て「価値がある」と信じているのは、「パブロフの犬」のごとく徹底的に脳内に「刷り込まれている」からだ。

この脳内のコントロールで経済は運営されている。

その頂点に位置していたのが「ドル」だった。そのドル本位制を軸とした世界経済は、何度も繰り返し述べてきたように、すでに破綻している。事実上崩壊しているのだ。

ところが「ドル本位制」に代わって全世界の人々の脳内をコントロールできる「代替通貨」が現状は存在していない。逆にいえば全世界の人々が信じてくれる、あるいは納得できる「国際通貨のストーリー」ができあがっていないのだ。

本来、サイオプスはその新しい「国際通貨のストーリー」のためにフル稼働すべきなのだ。しかし、サイオプスを牛耳る連中は、むしろ破綻しているドル本位制の維持のために悪用している。そこに世界経済の問題があるのだ。

21世紀。この新しい時代に旧来のアメリカ型サイオプスとは違う新しいサイオプスをつくりあげた勢力が新しい「国際通貨」を手に入れて次世代の覇者となろう。

その形は、まだ見えていない。

それが私たちの「世界」の実情なのである。

ベンジャミン・フルフォード

闇《やみ》の支配者《しはいしゃ》たちの情報操作戦略《じょうほうそうさせんりゃく》サイオプス

金融《きんゆう》サイバー攻撃《こうげき》から始《はじ》まる「第《だい》3次世界大戦《じせかいたいせん》」のカラクリ

2015年8月24日 第1刷発行

著　者　ベンジャミン・フルフォード

装　幀　時枝誠一
構　成　西本公広
編　集　株式会社 清談社

編集長　畑 祐介
発行人　木村健一
発行所　株式会社イースト・プレス
〒101-0051
東京都千代田区神田神保町2-4-7 久月神田ビル8F
TEL:03-5213-4700　FAX:03-5213-4701
http://www.eastpress.co.jp

印刷所　中央精版印刷株式会社

ISBN978-4-7816-1363-5 C0033

イースト・プレス ビジネス書・人文書
twitter: @EastPress_Biz
http://www.facebook.com/eastpress.biz